建材工业建设项目经济评价方法与参数

中华人民共和国住房和城乡建设部　发布

中 国 计 划 出 版 社

2010 北 京

图书在版编目（CIP）数据

建材工业建设项目经济评价方法与参数/住房和城乡建设部标准定额研究所，中国建筑材料工业规划研究院主编. —北京：中国计划出版社，2010.8

ISBN 978-7-80242-523-1

Ⅰ.①建… Ⅱ.①住…②中… Ⅲ.①基本建设项目－经济评价－研究 Ⅳ.①F284

中国版本图书馆CIP数据核字（2010）第127343号

建材工业建设项目经济评价方法与参数
中华人民共和国住房和城乡建设部 发布
☆
中国计划出版社出版
（地址：北京市西城区木樨地北里甲11号国宏大厦C座4层）
（邮政编码：100038 电话：63906433 63906381）
新华书店北京发行所发行
世界知识印刷厂印刷

787×1092毫米 1/16 4.75印张 106千字
2010年8月第1版 2010年8月第1次印刷
印数1—4000册
☆
ISBN 978-7-80242-523-1
定价：28.00元

中华人民共和国住房和城乡建设部
公　告

第564号

关于发布《建材工业建设项目经济评价方法与参数》的公告

现批准《建材工业建设项目经济评价方法与参数》，自2010年9月1日起施行。

在建材工业建设项目经济评价工作中，应按照国家发展和改革委员会、建设部《关于印发建设项目经济评价方法与参数的通知》（发改投资〔2006〕1325号）和本建设项目经济评价方法与参数执行，不断提高投资决策的科学化水平。

本建设项目经济评价方法与参数的管理由住房和城乡建设部负责，具体的解释工作由国家建筑材料工业标准定额总站负责。

中华人民共和国住房和城乡建设部

二〇一〇年四月三十日

编 制 说 明

《建材工业建设项目经济评价方法与参数》（以下简称《建材项目方法与参数》）是根据建设部《关于印发〈2008 年工程项目建设标准和建设项目评价方法与参数编制项目计划〉的通知》（建标函〔2008〕24 号）的要求，由住房和城乡建设部标准定额研究所与国家建筑材料工业标准定额总站组织中国建筑材料工业规划研究院、天津水泥工业设计研究院有限公司和蚌埠玻璃工业设计研究院等单位和专家共同编制完成的。

在编制过程中，编制组开展了广泛深入的调查研究，收集了大量资料，在认真总结建材工业建设项目经济评价经验教训、开展专题研究的基础上，结合行业特点，以《建设项目经济评价方法与参数》（第三版）为依据，确定了《建材项目方法与参数》的内容。征求意见稿完成后，广泛征求有关部门、单位及专家的意见，多次召开讨论座谈会，最后召开审查、复审会，会同有关部门审查定稿。

《建材项目方法与参数》分别对财务效益与费用估算、资金来源与融资方案、财务评价、不确定性分析与风险分析、方案经济比选、改扩建项目的财务评价特点、财务评价参数等内容做出了具体规定。

在《建材项目方法与参数》的使用过程中，请各有关部门和单位注意总结经验，积累资料。如发现需要修改和补充之处，请将意见寄送国家建筑材料工业标准定额总站（地址：北京市西直门内北顺城街 11 号，邮政编码：100035），以便今后修订时参考。

二〇一〇年四月

目　录

1 总　则

1.1　为加强和规范建材工业建设项目经济评价工作，保证经济评价质量，根据国家发展和改革委员会与建设部发布的《建设项目经济评价方法与参数》（第三版）的要求，结合建材工业建设项目特点，制定本方法与参数。

1.2　本方法与参数适用于建材工业中水泥、平板玻璃、建筑卫生陶瓷、非金属矿等行业的大中型建设项目及其他相关项目的前期研究工作（包括规划、机会研究、项目建议书、可行性研究）。小型项目可结合各地情况参照使用。

1.3　建材工业建设项目经济评价应以动态分析为主，静态分析为辅，动态分析和静态分析相结合。项目的计算期包括建设期和生产期，生产期一般不超过20年。

1.4　建材工业建设项目经济评价应遵循费用与效益计算口径一致的原则，应将费用与效益限定在同一范围内进行比较。

1.5　建材工业建设项目经济评价中效益与费用识别应遵循"有无对比"的原则。"有无对比"的差额部分作为项目建设增加的效益与费用，即增量效益与费用。

"有无对比"直接适用于依托老厂进行的改扩建与技术改造项目、停缓建后又恢复建设项目的增量效益分析。对于新建项目，同样适用于该原则，通常认为无项目与现状相同，其效益与费用均为零。

1.6　建材工业建设项目经济评价需要的基础数据，包括建设投资和流动资金、产品成本费用、生产负荷率、工程进度等。由于这些基础数据均来自于预测与估计，具有一定的不确定性，为了使评价结果能提供较为可靠的信息，避免人为的乐观估计所带来的风险，更好地满足投资决策的需要，在基础数据的确定和选取中应遵循稳妥原则。

1.7　建材工业建设项目经济评价应采用以市场价格为基础的预测价格。

影响市场价格变动的因素可归纳为两大类：一是由于供需量的变化、价格政策的变化、劳动生产率的变化等因素引起商品间比价的改变，产生相对价格变化；二是由于通货膨胀或通货紧缩而引起商品价格总水平的变化，产生绝对价格变动。

在不影响结论的前提下，价格预测可采取简化办法：

1. 对建设期的投入物，由于需要预测的年限较短，可既考虑相对价格变化，又考虑价格总水平变动。实际工作中，一般以涨价预备费的形式综合计算。

2. 对生产经营期的投入物和产出物价格，由于期限较长，在前期研究阶段对将来的价格水平很难预测。实际工作中，一般只预测到建设期末的价格，生产经营期内各年采用不变价格。

1.8　建材工业建设项目一般不需要进行经济费用效益分析（即国民经济评价）。如审批部门、项目业主有特殊要求，需进行经济费用效益分析时应按照国家发展和改革委员会与建设部发布的《建设项目经济评价方法与参数》（第三版）的有关要求进行编制。

1.9　本方法与参数附件中提供了水泥、平板玻璃两个行业的财务估算指标，其他建材专业可参照执行。

2　财务效益与费用估算

2.1　财务效益与费用估算是财务评价的重要基础，其估算的准确性与可靠性直接影响财务评价结论。

财务效益与费用估算应遵循“有无对比”的原则，正确识别和估算项目投资者或财务主体在财务评价范围之内“有项目”和“无项目”状态的财务效益与费用，“有无对比”的差额部分作为项目带来的财务效益与费用。财务效益与费用估算采用的依据应符合国家有关规定，评价参数选取合理，方法适宜，并反映建材工业建设项目的特点。

项目财务效益是指项目实施后通过销售产品所取得的营业收入，也包括项目所取得的补贴性收入。

项目支出的费用主要包括投资、成本费用和税金等。

2.2　财务效益与费用的估算应该与财务评价的步骤相匹配。在进行融资前分析时，应先估算独立于融资方案的建设投资和营业收入，然后是经营成本和流动资金。在进行融资后分析时，应先确定初步融资方案，然后估算建设期利息，进而完成固定资产原值的估算，通过还本付息计算求得生产经营期各年利息，最终完成总成本费用的估算。

2.3　建材工业建设项目经济评价中的总投资是指项目建设和投入运营所需要的全部投资，为建设投资、建设期利息和流动资金之和。

建材工业建设项目经济评价中应按有关规定将建设投资中的各个分项分别形成固定资产、无形资产和其他资产。形成的固定资产用于计算折旧费，形成的无形资产和其他资产用于计算摊销费。建设期利息应计入固定资产原值。

2.4　建设投资即项目建设所需的费用，应在给定的建设规模、产品方案和工程技术方案的基础上进行估算。

建设投资由工程费用（建筑工程费、设备购置费和安装工程费）、工程建设其他费用和预备费（基本预备费和涨价预备费）组成。

涨价预备费是物价上涨因素对项目建设投资的影响。应根据国家或行业主管部门的具体规定和发布的指数，按下式计算：

$$P = \sum_{t=1}^{n} I_t \cdot [(1+f)^{m+t-0.5} - 1] \qquad (2.4)$$

式中　P——涨价预备费；

n——建设期（年）；

I_t——估算静态投资额中第 t 年投入的工程费用；

f——年涨价率（%）；

m——建设前期年限（从编制估算到开工建设的时间，单位：年）；

t——年度数。

2.5　建设期借款利息是指在建设期内发生并按规定允许在投产后计入固定资产原值的债务资金利息。一般可按下式计算：

$$Q = \sum_{j=1}^{n} (P_{j-1} + A_j/2) \cdot i \tag{2.5}$$

式中　Q——建设期借款利息；

P_{j-1}——建设期第（$j-1$）年末借款本息累计；

A_j——建设期第 j 年借款金额；

i——借款年利率（%）；

n——建设期（年）。

计算利用境外贷款的建设期借款利息时，年利率的确定应综合考虑贷款协议中向贷款方加收的手续费、管理费、承诺费，以及境内代理机构向贷款方收取的转贷费、担保费和管理费等。

2.6　流动资金是指维持生产经营所占用的全部周转资金，是流动资产和流动负债的差额。

流动资金估算可采用扩大指标估算法或分项详细估算法进行估算。可行性研究阶段宜采用分项详细估算法。

1．扩大指标估算法。可参照同类企业流动资金占营业收入、经营成本的比率等数据估算项目所需的流动资金。

2．分项详细估算法。可按以下公式分项估算：

$$\text{流动资金} = \text{流动资产} - \text{流动负债} \tag{2.6-1}$$

$$\text{流动资产} = \text{应收账款} + \text{存货} + \text{现金} + \text{预付账款} + \text{增值税进项税额} \tag{2.6-2}$$

$$\text{其中：应收账款} = \text{年经营成本}/\text{应收账款周转次数} \tag{2.6-3}$$

$$\text{周转次数} = 360/\text{最低周转天数} \tag{2.6-4}$$

$$\text{存货} = \text{外购原材料、燃料} + \text{在产品} + \text{产成品} \tag{2.6-5}$$

$$\text{外购原材料、燃料} = \frac{\text{年外购原材料、燃料费用}}{\text{分项周转次数}} \tag{2.6-6}$$

$$\text{在产品} = (\text{经营成本} - \text{管理费用} - \text{营业费用})/\text{在产品周转次数} \tag{2.6-7}$$

$$\text{产成品} = (\text{年经营成本} - \text{年营业费用})/\text{产成品周转次数} \tag{2.6-8}$$

$$\text{现金} = (\text{年工资及福利费用} + \text{年其他费用})/\text{现金周转次数} \tag{2.6-9}$$

$$\text{年其他费用} = \text{年制造费用} + \text{年管理费用} + \text{年销售固定费用} - \text{年折旧费} - \text{年摊销费} - \text{年修理费} \tag{2.6-10}$$

$$\text{增值税进项税额} = \text{进项税额}/\text{进项税额周转次数} \tag{2.6-11}$$

$$\text{流动负债} = \text{应付账款} + \text{预收账款} \tag{2.6-12}$$

$$\text{其中：应付账款} = \text{年外购材料、燃料、动力费用}/\text{应付账款周转次数} \tag{2.6-13}$$

$$\text{预收账款} = \text{预收的营业收入年金额}/\text{预收账款周转次数} \tag{2.6-14}$$

2.7　总成本费用是指在生产经营期内为生产产品或提供服务所发生的全部费用，包括经营成本、折旧费、摊销费和财务费用。

总成本费用估算可采用生产要素估算法，也可采用生产成本加期间费用估算法。项目经济评价中，通常采用生产要素估算法估算总成本费用。

1．生产要素估算法。

（1）外购原材料和辅助材料：水泥生产企业（或粉磨站）主要包括外购石灰石灰质原料、熟料、硅质原料、铝质原料、硅铝质原料、铁质校正原料、石膏、混合材、柴油、炸药、轮胎、研磨体、耐磨材料、耐火材料、包装材料等；平板玻璃生产企业主要包括硅砂、砂岩、长石、石灰石、纯碱、芒硝、锡材、木板等。

估算时，需要相关专业提供外购原材料和辅助材料年耗用量。选用的价格时点和价格体系应与营业收入的估算时点和价格体系相一致。

（2）外购燃料、动力。主要有煤、油、煤气、天然气、电等。

估算时，需要相关专业提供外购燃料、动力年耗用量。选用的价格时点和价格体系应与营业收入的估算时点和价格体系相一致。

（3）工资及福利费。工资及福利费是指企业为获得职工提供的服务而给予的各种形式的报酬以及其他相关支出，通常包括职工工资、奖金、津贴、补贴和职工福利费。

采用生产要素估算法时，将全部人工工资及福利费合并一起估算。其中，全厂定员根据企业规模、生产岗位设计确定；人均年工资总额按当地现行工资水平并调整到营业收入的估算时点。即：

$$\text{工资总额} = \text{全厂定员} \times \text{人均年工资总额} \quad (2.7-1)$$

（4）固定资产折旧费。固定资产在使用过程中会受到磨损，其价值损失通常通过提取折旧的方式得以补偿。

固定资产折旧费可按年限平均法计算，计算公式为：

$$\text{年折旧额} = \text{固定资产原值} \times （1-\text{预计净残值}）/\text{折旧年限} \quad (2.7-2)$$

可行性研究阶段一般采用分类固定资产折旧计算折旧费。

（5）修理费。修理费是指为保持固定资产的正常运转和使用，对其进行必要修理所发生的费用。

修理费可结合行业和项目特点，直接按固定资产原值（扣除所含的建设期利息）的一定比例估算。

（6）无形资产和其他资产摊销费。无形资产和其他资产的摊销费一般采用年限平均法，不计残值。摊销年限的确定应符合税法的规定。

（7）其他费用估算。其他费用包括其他制造费用、其他管理费用和其他营业费用，是指由制造费用、管理费用和营业费用中分别扣除工资及福利费、折旧费、摊销费、修理费后的其余部分。

1）其他制造费用。制造费用是指企业为生产产品和提供劳务而发生的各项间接费用，包括生产单位管理人员工资和福利费、折旧费、修理费、办公费、水电费、机物料消耗、劳动保护费、季节性和修理期间的停工损失等。但不包括企业行政管理部门为组织和管理生产活动而发生的管理费用。

2）其他管理费用。管理费用是指企业行政管理部门为管理和组织生产经营活动所发生的各项费用。包括管理人员工资和福利费、折旧费、修理费、公司经费、工会经费、职工教育经费、劳动保险费、失业保险费、董事会费、聘请中介机构费、业务招待费、技术转让费、研究与开发费、排污费、房产税、车船使用税、土地使用税、印花税、矿产资源补偿费、矿山安全费、无形资产与其他资产摊销费、计提坏账准备和存货跌价准备等。

3）其他营业费用。营业费用是指企业在商品销售过程中发生的各项费用以及专设销售机构的各项经费，包括应由企业负担的运输费、装卸费、包装费、保险费、广告费、展览费以及专设销售机构的人员工资和福利费、类似工资性质的费用、业务费等经营费用。

（8）财务费用。财务费用是指项目筹集的债务资金在生产经营期内所发生的各项费用，包括应当计入期间费用的利息净支出、汇兑损失以及相关的手续费等。

项目经济评价时，通常只考虑利息净支出。利息支出包括长期借款利息、流动资金借款利息和短期借款利息三部分。

2．生产成本加期间费用估算法。采用生产成本加期间费用估算法时，需要各分单元（如分车间或生产线）的有关数据，主要有原材料和公共工程消耗、各车间的定员和固定资产折旧等。首先要分别估算各分单元的生产成本，再汇总得出总生产成本，然后与期间费用（管理费用、营业费用、财务费用）汇总得到总成本费用。

3．固定成本和可变成本。固定成本是指不受产量增减变动影响的各项成本费用。一般将工资和福利费、制造费用、管理费用、财务费用和营业费用（扣除包装材料）视为固定成本。

可变成本是指随产量增减而变化的各项费用。主要包括外购原材料和辅助材料、燃料及动力费等。

2.8　营业收入是指销售产品获得的收入。

$$销售额 = \sum 销售量 \times 销售价格 \tag{2.8}$$

项目经济评价时，销售价格一般以不含增值税价格表示。若采用含增值税价格时，需要相应调整部分财务评价报表（主要有项目投资财务现金流量表、项目资本金财务现金流量表、利润与利润分配表、财务计划现金流量表）的相关科目。

2.9　税金主要指增值税、营业税金附加、资源税和所得税等。营业税金附加主要指城市维护建设税和教育费附加。其中：

$$增值税额 = 销项税额 - 进项税额 \tag{2.9-1}$$

$$销项税额 = \sum 销售额 \times 销项税率 \tag{2.9-2}$$

$$进项税额 = \sum 购入价格 \times 扣除率 \tag{2.9-3}$$

$$城市维护建设税 = 应缴增值税额 \times 适用税率 \tag{2.9-4}$$

$$教育费附加 = 应缴增值税额 \times 适用费率 \tag{2.9-5}$$

$$资源税 = 开采数量 \times 适用税率 \tag{2.9-6}$$

$$所得税 = 应纳税所得额 \times 适用税率 \tag{2.9-7}$$

以上各项税金计算应根据相关税法和项目具体情况确定。如有减免优惠，应说明依据及减免方式，并按相关规定计算。

2.10　对先征后返的增值税，以及属于财政扶持而给予的其他形式的补贴等，应按相关规定合理估算，记作补贴收入。

补贴收入同营业收入一样，应列入利润与利润分配表、财务计划现金流量表和项目投资现金流量表与项目资本金现金流量表。

2.11　某些项目在生产经营期内需投入一定的追加投资才能得以维持正常运营，如设备更新费用、矿山复垦费用等。

发生维持运营投资时，应将其列入现金流量表作为现金流出，参与财务内部收益率等指标的计算；同时，也应反映在财务计划现金流量表中，参与财务生存能力的分析。

2.12　进行财务效益与费用估算，一般应编制下列财务评价辅助报表（见附表）。

附表1　建设投资估算表；

附表2　流动资金估算表；

附表3　项目总投资使用计划与资金筹措表；

附表4　外购原材料、燃料、动力估算表；

附表5　固定资产折旧估算表；

附表6　无形资产和其他资产摊销估算表；

附表7　总成本费用估算表；

附表8　营业收入及税金估算表。

3　资金来源与融资方案

3.1　资金筹措总额等于项目总投资，包括权益资金和债务资金。权益资金是指企业依法筹集的、长期拥有并自主支配的资金，主要包括以货币资金和固定资产作价投入企业的非债务性资金。权益资金是确定项目产权关系的依据，也是项目获得债务资金的信用基础，权益资金一般包括资本金和其他权益资金。对于新设项目，权益资金是由投资者认缴的资本总额，亦即资本金；债务资金是指以负债方式取得的资金，包括长期借款、流动资金借款和其他短期借款；一般项目的借款额可按以下方法计算：

$$\text{长期借款} = \text{项目总投资} - \text{资本金} - \text{流动资金借款} \quad (3.1-1)$$

$$\text{流动资金借款} = \text{流动资金总额} - \text{铺底流动资金} \quad (3.1-2)$$

3.2　项目的融资组织形式包括新设法人融资和既有法人融资两种形式。

1. 新设法人融资。是指由项目的发起人及其他投资人出资组建新的、独立承担民事责任的法人进行的融资活动。

（1）项目投资由新设法人筹集的资本金和债务资金构成。

（2）由新设法人承担融资责任和风险。

（3）从项目投产后的经济效益情况考察偿债能力。

2. 既有法人融资。是指依托现有法人进行的融资活动。

（1）拟建项目不组建新设法人，由既有法人统一组织融资活动，并承担融资责任和风险。

（2）拟建项目一般是在既有法人资产和信用的基础上进行的，并形成增量资产。

（3）从既有法人的整体财务状况考察融资后的偿债能力。

对于规模大、业务覆盖范围广泛的大型集团，项目财务评价时不应作为“既有法人”对集团整体财务状况进行考察、分析，可简化视为模拟“新设法人”进行项目评价。

3.3　资本金的来源主要是投资者的直接出资。资本金的比例可按照国家规定的最低比例，结合企业具体情况确定。

水泥项目资本金占项目总投资的比例不得低于35%，其他建材项目资本金占项目总投资的比例不得低于20%。

3.4　债务资金是项目投资中除权益资金外，以负债方式取得的资金。

债务资金的主要来源有商业银行贷款、政策性银行贷款、企业债券、融资租赁等。

4 财务评价

4.1 财务评价是建材工业建设项目经济评价的重要组成部分。

财务评价是在项目财务效益与费用估算的基础上，通过编制财务报表，计算财务分析指标，分析项目的盈利能力、偿债能力和财务生存能力，判断项目的财务可行性。

4.2 财务评价可分为融资前分析和融资后分析。

一般宜先进行融资前分析，即不考虑债务融资条件下进行的财务评价。在融资前分析结论满足预期盈利要求的情况下，初步设定融资方案，再进行融资后分析。

1. 融资前分析只进行盈利能力分析，即以营业收入、建设投资、流动资金、经营成本的估算为基础，考察整个计算期内现金流入和现金流出，编制项目投资现金流量表，利用资金时间价值的原理进行折现，计算项目投资财务内部收益率、净现值等动态分析指标。

融资前分析也可计算静态投资回收期（P_t）指标，用以反映收回项目投资所需要的时间。

2. 融资后分析是在融资前分析和初步融资方案的基础上，考察项目在拟定融资条件下的盈利能力、偿债能力和财务生存能力，判断项目方案在融资条件下的可行性。融资后分析是比选融资方案，进行融资决策和投资者最终决定出资的依据。

融资后的盈利能力分析包括动态分析和静态分析。

动态分析主要在拟定融资方案下，从项目资本金出资者的角度，确定其现金流入和现金流出，编制项目资本金现金流量表，根据资金时间价值原理进行折现，计算项目资本金财务内部收益率指标，考察项目权益投资者可获得的收益水平。

静态分析是指不采取折现方式处理数据，依据利润与利润分配计算表计算总投资收益率、项目资本金净利润率、投资利润率和投资利税率等指标。

4.3 盈利能力分析的主要指标包括项目投资财务内部收益率和财务净现值、项目资本金财务内部收益率、投资回收期、总投资收益率、项目资本金净利润率、投资利润率和投资利税率等。

1. 财务内部收益率（*FIRR*）是指使项目在整个计算期内各年净现金流量现值累计等于零时的折现率，它是评价项目盈利能力的动态指标。其表达式为：

$$\sum_{t=1}^{n}(CI-CO)_t(1+FIRR)^{-t}=0 \qquad (4.3-1)$$

式中 CI——现金流入量；

CO——现金流出量；

$(CI-CO)_t$——第 t 年的净现金流量；

n——计算期年数。

项目投资财务内部收益率、项目资本金财务内部收益率都依据上式计算，但所用的现金流入和现金流出不同。

将求得的财务内部收益率与行业基准收益率或设定的判别基准（i_c）进行比较。当

$FIRR \geqslant i_c$时，即认为项目的盈利能力满足要求；反之，则不能满足要求。

2. 财务净现值（$FNPV$）是指按设定的折现率i_c计算的项目计算期内各年净现金流量的现值之和。计算公式为：

$$FNPV = \sum_{t=1}^{n} (CI - CO)_t (1 + i_c)^{-t} \tag{4.3-2}$$

式中 CI——现金流入；

CO——现金流出；

$(CI - CO)_t$——第t年的净现金流量；

n——计算期年数；

i_c——设定的折现率。

财务净现值是评价项目盈利能力的绝对指标，它反映项目在满足按设定折现率要求的盈利之外，能获得的超额盈利的现值。

按照设定的折现率计算的财务净现值大于等于0时，项目方案在财务上可考虑接受。

3. 投资回收期（P_t）是指以项目的净收益回收项目投资所需要的时间，一般以年为单位表示，并从项目建设开始年份算起。其表达式为：

$$\sum_{t=1}^{P_t} (CI - CO)_t = 0 \tag{4.3-3}$$

投资回收期可根据现金流量表计算，现金流量表中累计净现金流量由负值变零的时点，即为投资回收期。计算公式为：

P_t = 累计净现金流量开始出现正值的年份 − 1 + 上年累计净现金流量的绝对值/当年净现金流量值 (4.3-4)

投资回收期越短，表明项目的盈利能力和抗风险能力越好。

4. 总投资收益率（ROI）是指项目在计算期内正常生产年份的息税前利润（$EBIT$）（或息税前利润的年平均值）与项目总投资的比率。可依据利润与利润分配表，以及投资使用与资金筹措计划表计算求得。其表达式为：

总投资收益率 = 息税前利润 $EBIT$/项目总投资 (4.3-5)

5. 资本金净利润率（ROE）是指项目在计算期内正常生产年份的净利润（或净利润的年平均值）与项目资本金的比例。其表达式为：

资本金净利润率 = 净利润/项目资本金 (4.3-6)

6. 投资利润率：

投资利润率 = 年利润总额或年平均利润总额/项目总投资 (4.3-7)

7. 投资利税率：

投资利税率 = 年利税总额或年平均利税总额/项目总投资 (4.3-8)

4.4 偿债能力分析主要是通过计算利息备付率、偿债备付率、资产负债率、流动比率和速动比率等指标，分析判断财务主体的偿债能力。

1. 利息备付率（ICR）是指项目在借款期内，可用于各年息税前利润（$EBIT$）与当期应付利息的比值。其表达式为：

利息备付率 = 息税前利润 $EBIT$/应付利息 (4.4-1)

该指标从付息资金来源充裕性的角度反映项目偿还债务利息的能力。对于正常经营的企业，利息备付率应当大于2。利息备付率高，说明利息偿付的保障度大，偿债风险小；利息备付率小于1，表示没有足够资金支付利息，偿债风险很大。

2. 偿债备付率（*DSCR*）是指项目在借款期内，可用于还本付息的资金与当期应还本付息金额的比值。可用于还本付息的资金包括折旧、摊销、总成本费用中列支的全部利息和税后利润，当期应还本付息金额包括还本金额和计入总成本费用中的全部利息。其表达式为：

$$偿债备付率 = （EBITDA - 企业所得税）/应付本息 \quad (4.4-2)$$

$$EBITDA = 息税前利润 + 折旧 + 摊销 \quad (4.4-3)$$

偿债备付率表示可用于还本付息的资金偿还借款本息的保障程度。正常情况下应当大于1，且越高越好。偿债备付率低，说明还本付息的资金不足，偿债风险大；当这一指标小于1时，表示可用于还本付息的资金不足以偿付当期债务。

3. 资产负债率（*LOAR*）是指企业一定时期负债总额与资产总额的比率。其表达式为：

$$资产负债率 = （负债总额/资产总额）\times 100\% \quad (4.4-4)$$

资产负债率表示企业总资产中有多少是通过负债得来的，是评价企业负债水平的综合指标。过高的资产负债率表明企业的财务风险太大；过低资产负债率表明企业的财务杠杆利用不够；适度的资产负债率即表明企业投资人、债权人的风险较小，企业经营安全、稳健、有效，具有较强的融资能力。

通常情况下资产负债率指标在60%左右是较合适的。但具体实践中，不同企业的资产负债率指标差异较大；应结合国家总体经济运行状况、行业发展趋势以及企业所处环境等具体条件等判定。

4. 流动比率是企业一定时期流动资产与流动负债的比率。其表达式为：

$$流动比率 = （流动资产/流动负债）\times 100\% \quad (4.4-5)$$

流动比率衡量企业资金流动性的大小，考虑流动资产规模与负债规模之间的关系，判断企业短期债务到期前，可以转化为现金偿还流动负债的能力。该指标越高，说明企业偿还流动负债的能力越强；但指标过高，则表明企业资金利用效率低，对企业的运营也不利。

通常情况下流动比率指标在2.0左右是较合适的，但不同行业间流动比率会有很大差异。一般来说，若行业生产周期较长，流动比率就应相应提高；反之，就可以相对降低。

5. 速动比率是企业一定时期速动资产与流动负债的比率。其表达式为：

$$速动比率 = （速动资产/流动负债）\times 100\% \quad (4.4-6)$$

$$速动资产 = 流动资产 - 存货 \quad (4.4-7)$$

速动比率是对流动比率的补充，是将流动比率指标计算公式中分子剔除流动资产中变现能力最差的存货后，计算企业实际的短期债务偿还能力；因此，速动比率比流动比率更为准确。该指标越高，说明企业偿还流动负债的能力越强；与流动比率一样，该指标过高，则表明企业资金利用效率低，对企业的运营不利。

通常情况下速动比率指标在1.0左右是较合适的。同样，不同行业间该指标也有较大的差异，实践中应结合行业特点分析判断。

4.5 财务生存能力分析是通过编制财务计划现金流量表，通过考察项目计算期内的投资、融资和经营活动所产生的各项现金流入和现金流出，计算净现金流量和累计盈余资金，分析项目是否有足够的净现金流量维持正常运营，以实现财务的可持续性。

财务的可持续性应首先体现在有足够大的经营活动净现金流量，其次是各年累计盈余资金不应出现负值。若出现负值，则应进行短期借款。

财务生存能力分析应结合偿债能力分析进行。如拟安排的还款期过短，项目投产初期的还本付息负担过重，导致为维持资金平衡必须筹措的短期借款过多，则可以调整还款期，以减轻各年还款负担。

4.6 项目财务评价报表应包括下列报表（见附表）：

附表9 项目投资现金流量表；

附表10 项目资本金现金流量表；

附表11 利润与利润分配表；

附表12 资产负债表；

附表13 财务计划现金流量表；

附表14 借款还本付息计划表。

5 不确定性分析与风险分析

5.1 建材工业建设项目评价所采用的数据大部分都来自估算和预测，有一定程度的不确定性。为了分析不确定性因素的变化对经济评价指标的影响，估计可能存在的风险，需要进行不确定性分析。

不确定性分析主要包括盈亏平衡分析和敏感性分析。

5.2 盈亏平衡分析是指通过计算项目的盈亏平衡点，分析项目成本与收入的关系，判断项目对产出品数量变化的适应能力和抗风险能力。盈亏平衡点常用生产能力利用率或者产量表示。

用生产能力利用率表示的盈亏平衡点（*BEP*）为：

$$BEP(\%) = \text{年度固定成本}/(\text{年营业收入} - \text{年可变成本} - \text{年营业税金及附加}) \times 100\% \tag{5.2-1}$$

用产量表示的盈亏平衡点（*BEP*）为：

$$BEP(\text{产量}) = \text{年度固定成本}/(\text{单位产品价格} - \text{单位产品可变成本} - \text{单位产品营业税金及附加}) \tag{5.2-2}$$

两者的换算关系为：

$$BEP(\text{产量}) = BEP(\%) \times \text{设计生产能力} \tag{5.2-3}$$

由于盈亏平衡点表示的是在相对于设计生产能力下，达到多少产量或多大的生产能力利用率才能实现盈亏平衡。因此，盈亏平衡点必须按项目投产后的正常年份计算，取正常年份平均值或达到设计能力第1年数据。

5.3 敏感性分析是通过分析、预测项目主要不确定性因素对项目评价指标的影响，找出敏感因素，分析评价指标对该因素的敏感程度，并分析该因素达到临界点时项目的承受能力。

进行敏感性分析首先要选定待分析的不确定因素，确定其偏离基本情况的程度；然后计算敏感度系数和临界点或者绘制敏感性分析图求取临界点，并汇总敏感性分析结果。

建材工业建设项目选取的不确定因素主要有产品价格、产品产量、建设投资、产品经营成本或主要投入物价格等；不确定性因素的变化幅度，通常多按10%选取。敏感性分析的计算指标如下：

1. 敏感度系数是项目效益指标变化的百分率与不确定因素变化的百分率之比。敏感度系数越大，表示项目效益对该不确定因素的敏感程度越高，提示应重视该不确定因素对项目效益的影响。表达式为：

$$\text{某不确定因素敏感度系数} = \text{评价指标相对于基本方案的变化率}/\text{该不确定性因素变化率} \tag{5.3}$$

2. 临界点是指不确定因素的变化使项目由可行变为不可行的临界数值，一般采用不确定性因素相对基本方案的变化率或其对应的具体数值表示。

敏感性分析的计算结果应采用敏感性分析表（见附表15）表示。

5.4 风险分析应采用定性与定量相结合的方法，分析风险因素发生的可能性及给项目带来经济损失的程度，分析过程包括风险识别、风险估计、风险评价与风险防范对策。

5.5 风险识别是找出重要的风险因素，主要方法有德尔菲法、分解法和逻辑框架法等。建材工业建设项目的经济风险来源于法律、法规及政策变化，市场供需变化，资源开发与利用、技术的可靠性、工程方案、融资方案、外部配套条件等一个方面或几个方面的共同影响。具体为：

1. 政策方面：由于政策调整，使项目原定目标难以实现，如税收、金融、环保、产业政策等的调整变化。

2. 市场方面：由于市场需求的变化、竞争对手竞争策略的调整，使项目产能发挥和营业收入达不到预期目标。

3. 资源方面：建材工业建设项目多属于资源消耗型产业，对原料资源和能源的依赖程度较高。若原料资源不落实，或煤炭、原油等供应与原预测结果发生较大偏离，则可能对项目经济效益带来较大影响。

4. 技术方面：生产工艺、主机设备的选择将影响项目的生产运营，对产品质量和生产成本产生影响。

5. 工程方面：由于工程地质原因，工程设计发生重大变化，导致投资增加、工期延长等。

6. 融资方面：项目资金来源的可靠性、充足性和及时性不能保证，从而影响项目的实施进度。

7. 配套条件方面：建材工业建设项目需要的外部配套设施，如水、电、气、交通运输等在可行性研究中虽都作了考虑，但实际实施过程中仍可能存在没有落实或未如期建成的情况，并对项目带来不利影响。

5.6 风险估计是在风险识别后，通过定量分析的方法测度风险发生的可能性及对项目的影响程度。风险发生的可能性通过风险事件概率分布表达，风险发生对项目的影响程度可以采用敏感性分析的结果，应用简单估计法或者概率分析法。

5.7 风险评价应根据风险识别和风险估计的结果，依据项目风险判别标准，找出影响项目成败的关键风险因素。项目风险大小的评价标准应根据风险因素发生的可能性及其造成的损失来确定，一般采用评价指标的概率分布或累计概率、期望值、标准差作为判别标准，也可采用综合风险等级作为判别标准。具体操作应符合下列要求：

1. 以评价指标作为判别标准：

(1) 财务内部收益率大于等于基准收益率的累计概率值越大，风险越小；标准差越小，风险越小。

(2) 财务净现值大于等于零的累计概率值越大，风险越小；标准差越小，风险越小。

2. 以综合风险等级作为判别标准：根据风险因素发生的可能性及其造成损失的程度，建立综合风险等级的矩阵，将综合风险分为K级、M级、T级、R级、I级（见附表16）。

5.8 风险应对是根据风险评价的结果，研究规避、控制与防范风险的措施，为项目全过程风险管理提供依据。具体应关注下列几个方面：

1. 风险应对的原则：应具有针对性、可行性、经济性，并贯穿于项目评价的全过程。

2. 决策阶段风险应对的主要措施：强调多方案比选，对潜在风险因素提出必要研究与试验课题，对投资估算与财务（经济）分析应留有充分的余地，对建设或生产经营期的潜在风险可建议采取回避、转移、分担和自担措施。

3. 结合综合风险因素等级的分析结果，提出下列应对方案：

K级：风险很高，出现这类风险就要放弃项目；

M级：风险强，修正拟议中的方案，通过改变设计或采取补偿措施等；

T级：风险较强，设定某些指标的临界值，指标一旦达到临界值，就要变更设计或对负面影响采取补偿措施；

R级：风险适度（较小），适当采取措施后不影响项目；

I级：风险低，可忽略。

6 方案经济比选

6.1 方案经济比选是寻求合理的经济和技术方案的必要手段，也是建材工业建设项目经济评价的重要组成部分。

在项目可行性研究过程中进行各项主要技术经济决策（如工厂规模、工艺流程和主要设备选择、厂址选择等）时，均应对各种可能方案进行筛选，对筛选出来的几个方案进行经济计算，以经济计算结果指导技术方案的调整和确定。

6.2 方案经济比选可按各个方案所含的全部因素计算各个方案的全部经济效益，进行全面的对比；也可就不同因素计算相对经济效益，进行局部的对比。要特别注意各个方案间的可比性，遵循效益与费用相一致的原则，必要时考虑相关的效益和费用。

6.3 按各方案所含的全部因素进行方案经济比选时，可视不同情况和具体条件采用效益比选法，包括差额投资财务内部收益率法、净现值比较法和净年值比较法。

1. 差额投资财务内部收益率法：

差额投资内部收益率是两个方案各年净现金流量差额的现值之和等于零时的折现率。其表达式为：

$$\sum_{t=1}^{n}[(CI-CO)_{大}-(CI-CO)_{小}](1+\Delta FIRR)^{-t}=0 \qquad (6.3-1)$$

式中 $(CI—CO)_{大}$——投资大的方案的年净现金流量；

$(CI—CO)_{小}$——投资小的方案的年净现金流量；

$\Delta FIRR$——差额投资财务内部收益率。

计算的差额投资财务内部收益率（$\Delta FIRR$）与设定的基准收益率（i_c）进行对比。当$\Delta FIRR \geqslant i_c$时，则投资大的方案为优；反之，投资小的为优。

在进行多方案比较时，应先按投资大小，由小到大排序，再依次就相邻方案两两比较，从中选出最优方案。

2. 净现值比较法：

比较备选方案的财务净现值，以净现值（$FNPV$）大的方案为优。比较净现值时应采用相同的折现率。其表达式为：

$$FNPV=\sum_{t=1}^{n}(CI-CO)_t(1+i_c)^{-t} \qquad (6.3-2)$$

式中 CI——年现金流入量；

CO——年现金流出量；

$(CI—CO)_t$——第 t 年净现金流量；

i_c——设定的折现率。

3. 净年值比较法：

比较备选方案的净效益等额年值（简称净年值 AW），以净年值大的方案为优。比较净年值时应采用相同的折现率。其表达式为：

$$AW=\left[\sum_{t=1}^{n}(S-I-C'+S_v+W)_t(P/F,i_c,t)\right](A/P,i_c,n) \qquad (6.3-3)$$

或

$$AW = NPV(A/P, i_c, n) \tag{6.3-4}$$

式中　S——年销售额；

I——年全部投资（包括固定资产和流动资金）；

C'——年经营成本费用；

S_v——计算期末回收的固定资产余值；

W——计算期末回收的流动资金；

$(P/F, i_c, t)$——现值系数；

$(A/P, i_c, n)$——资金回收系数；

i_c——设定的折现率；

NPV——净现值。

6.4　当两个方案的效益相同或基本相同时，为简化计算，可采用费用比选法，包括费用现值比较法和费用年值比较法。

1. 费用现值比较法：

计算备选方案的费用现值（PC）并进行对比，应以费用现值较低的方案为优。其表达式为：

$$PC = \sum_{t=1}^{n} (I + C' - S_v - W)_t (P/F, i_c, t) \tag{6.4-1}$$

2. 费用年值比较法：

计算备选方案的费用等额年值（AC）并进行对比，以费用年值较低的方案为优。其表达式为：

$$AC = \sum_{t=1}^{n} [(I + C' - S_v - W)_t (P/F, i_c, t)](A/P, i_c, n) \tag{6.4-2}$$

或

$$AC = PC(A/P, i_c, n) \tag{6.4-3}$$

式中　$(A/P, i_c, n)$——资金回收系数。

6.5　当两个方案的产量及产品方案相同或基本相同时，可采用静态的简单比较方法即静态差额投资收益率（R_a）法。其表达式为：

$$R_a = (C'_1 - C'_2) / (I_2 - I_1) \times 100\% \tag{6.5}$$

式中　C'_1、C'_2——两个比较方案的年总经营成本；

I_1、I_2——两个比较方案的全部投资。

若静态差额投资收益率（R_a）大于财务基准收益率时，则投资大的方案为优。

7 改扩建项目的财务评价特点

7.1 改扩建项目是指在既有企业的基础上进行建设的项目。与新建项目相比，具有以下特点：

1. 利用原有的资源、资产及相关协作条件，一般投资较少，效益较好。

2. 建设期内既有企业生产（运营）一般与项目建设同时进行。

3. 项目的效益与费用因素较多，识别较复杂。

4. 项目与企业不可分割，有些问题必须从项目扩展到企业进行。

7.2 改扩建项目的目标不同，实施方式各异。其效益可能表现为增加产量、提高产品质量、节能降耗、保护环境、资源综合利用等一个方面或几个方面；其费用不仅包括新增投资、新增经营成本，还包括由于项目建设可能造成的停产或减产损失。

改扩建项目经济评价时，应注意正确识别和估算"有项目"、"无项目"、"现状"、"新增"、"增量"等五种状态下的效益与费用。"有项目"和"无项目"的口径和范围应保持一致，以避免效益与费用误算、漏算或重复计算。

在保证不影响分析结果的情况下应尽量缩小项目的范围。

7.3 改扩建项目的盈利能力分析应遵循"有无对比"原则，以增量指标作为判断项目财务可行性的主要依据。

1. 计算改扩建后（即"有项目"）以及不改扩建（即"无项目"）两种情况下的效益和费用，然后用两套数据的差额（即增量数据，包括增量效益和增量费用）计算增量指标。

2. 有些改扩建项目（如新建生产线或车间），其效益和费用能与原有企业分开计算的，可视同新建项目，直接采用增量效益和增量费用计算增量指标。

7.4 改扩建项目的偿债能力分析大致可分为项目层次的偿债能力分析和企业层次的偿债能力分析。

1. 当项目的投入、产出与既有企业的生产经营活动相对独立，或效益与费用的增量流量较容易确定时，可直接用"增量"数据和相关指标进行项目层次的分析。

2. 当项目与企业不可分割，项目的风险与企业共存时，应进行企业层次的偿债能力分析，即改扩建后（有项目）的偿债能力分析。

7.5 改扩建项目只进行"有项目"状态的生存能力分析，分析的内容同新建项目。

7.6 改扩建项目是实现既有企业总体战略目标的手段，其目的是通过实施项目，提高既有企业总体经济效益。分析项目对既有企业的贡献，可计算项目实施后既有企业的营业收入、利润总额等指标的"新增"数据及相关增长率，估算项目投资活动对既有企业财务状况改善的贡献。

7.7 在计算"有项目"、"无项目"两种状态时，效益与费用的计算范围、计算期应保持一致，具有可比性。因此，一般可通过追加投资（局部更新或维修等）来维持"无项目"的生产经营，延长其寿命期到与"有项目"的计算期相同。当追加投资延长"无项目"的寿命期在技术上不可靠或经济上不合理时，应使"无项目"的生产期适时终止，其以后各年的现金流量视为零。

改扩建与生产同时进行的项目，其停产或减产损失已反映在改造期内各年的销售额和经营费用中，不需要单独计算。但直接计算增量效益的费用时，则需将停产或减产损失列为项目费用。

改扩建项目财务评价应处理好沉没成本及机会成本的问题。沉没成本是指既有企业过去投资决策发生的、非现在投资决策能改变、已计入过去投资费用回收计划的费用。如前期工程为本期工程预留的场地和设施，均为前期工程的沉没成本，不应计入本期投资决策的投入中。或者说，沉没成本是“有项目”和“无项目”都存在的成本，因此，对于本期投资决策，前期已发生的投入不应包括在本期的增量投资之中。

如果项目利用的现有资产，有明确的其他用途（出售、出租或有明确的使用效益），那么将资产用于该用途能为企业带来的收益被看作项目使用该资产的机会成本，也是“无项目”时的收入，按照“有无对比”识别效益和费用的原则，应该将其作为“无项目”时的现金流入。

8 财务评价参数

8.1 建材工业建设项目财务评价参数是指用于计算、衡量建设项目费用与效益的主要基础数据，以及判断项目财务可行性和经济合理性的一系列评价指标的基准值和参考值。

8.2 建材工业建设项目财务评价参数具有时效性，应适时测算、发布并动态调整。行业部门将根据有关政策及市场变化情况，及时组织参数的测算、修订和发布。

8.3 财务评价参数包括计算、衡量建设项目的财务费用效益的各类计算参数和判定项目财务可行性的判据参数。用于项目费用和效益计算的参数为计算参数，用于比较项目优劣、判定项目可行性的参数为判据参数。

8.4 财务评价计算参数用于项目费用和效益的计算，具体包括建设投资估算、流动资金估算、成本费用估算、营业收入估算等财务估算指标（水泥和平板玻璃两个主要子行业的流动资金估算、成本费用估算等部分财务估算指标见附件）。

8.5 财务评价判据参数包括判断项目盈利能力的参数和判断项目偿债能力的参数。

1．判断建材工业建设项目盈利能力的参数主要包括财务内部收益率、总投资收益率、项目资本金净利润率等指标。

2．判断建材工业建设项目偿债能力的参数主要包括利息备付率、偿债备付率、资产负债率、流动比率、速动比率等指标。

3．根据建材工业的经济状况、投资效益、综合贷款利率、产业政策、市场供求状况等进行测算，水泥、平板玻璃行业主要财务评价判据参数如表8.5。

表8.5 水泥、平板玻璃行业财务评价判据参数

序号	指标名称	水泥行业	玻璃行业	备注
1	项目融资前税前财务基准收益率	11%	13%	—
2	项目资本金税后财务基准收益率	12%	14%	—
3	利息备付率	2.0	2.0	参考值
4	偿债备付率	1.3	1.3	参考值
5	资产负债率	40%~70%	40%~70%	参考值
6	流动比率	1.0~2.0	1.0~2.0	参考值
7	速动比率	0.6~1.2	0.6~1.2	参考值

8.6 财务基准收益率是指建设项目财务评价中对财务现金流量采用折现方法计算财务净现值的基准折现率，是衡量项目财务内部收益率的基准值，是项目财务可行性和方案比选的主要判据。财务基准收益率反映投资者对相应项目占用资金的时间价值的判断，应是投资者在相应项目上最低可接受的财务收益率。

8.7 财务基准收益率的测定可采用资本资产定价模型法（CAPM）、加权平均资金成本法（WACC）、典型项目模拟法、德尔菲（Delphi）专家调查法等方法，也可同时采用多种方法进行测算，将不同方法测算的结果互相验证，经协调后确定。

8.8 财务基准收益率的选用，应遵循下列原则：

1. 政府补贴（补助）投资的建材工业建设项目的财务分析宜采用行业发布的财务基准收益率。

2. 企业投资的建材工业建设项目的财务评价中，既可采用行业发布的财务基准收益率，也可采用由投资者自行测定的项目最低可接受财务收益率。

投资者自行测定的项目最低可接受财务收益率，应充分考虑一定时期内国家和行业的发展战略、发展规划、产业政策、资源供给、市场需求、资金时间价值以及投资发展战略、经营策略、项目特点、资金成本等因素综合确定。

8.9 总投资收益率和项目资本金净利润率是采用非折现方法判断项目盈利能力的指标，可采用统计分析法、典型项目模拟法及德尔菲专家调查法等方法，也可同时采用多种方法进行测算。将不同方法测算的结果互相验证，经协调后确定。

8.10 对使用债务性资金的建材工业建设项目应进行偿债能力分析，考察项目法人能否按期偿还借款。判断项目偿债能力的参数主要有利息备付率、偿债备付率、资产负债率、流动比率、速动比率等指标，应根据行业同类企业（项目）的历史数据进行统计分析测定。

附表

附表1　建设投资估算表

序号	工程项目名称	估算价值（万元）					备注
		建筑工程	设备购置	安装工程	其他费用	总　值	
1	工程费用						
1.1	厂区						
1.1.1	建设场地						
	……						
1.1.2	主要生产工程						
	……						
1.1.3	辅助生产工程						
1.1.4	电气自动化工程						
1.1.5	运输工程						
1.1.6	给排水工程						
1.1.7	福利及服务性工程						
1.2	矿山工程						
	……						
1.3	厂外工程						
1.4	余热发电						
	……						
1.5	备品备件及生产家具购置费						
2	工程建设其他费用						
	……						
	小计						
3	预备费						
3.1	基本预备费						
3.2	涨价预备费						
4	建设投资合计						
	比例（%）						

注：可根据具体项目进行适当调整。

附表 2　流动资金估算表

序号	项目名称	周转天数	周转次数	金额
1	流动资产			
1.1	应收账款			
1.2	存货			
1.2.1	外购原材料			
	……			
1.2.2	外购燃料			
1.2.3	在产品			
1.2.4	产成品			
1.3	现金			
1.4	预付款			
	其中：待扣增值税			
2	流动负债			
2.1	应付账款			
2.2	预收款			
3	流动资金			

注：外购原材料、燃料应分别列出具体名称，并分别计算。

附表3　项目总投资使用计划与资金筹措表

序号	项　　目	建设期	生产经营期	合　　计
		1，…，m	$m+1$，…	
1	总投资			
1.1	建设投资			
1.2	建设期利息			
1.3	流动资金			
2	资金筹措			
2.1	权益资金			
2.1.1	资本金			
2.1.1.1	用于建设投资			
2.1.1.2	用于流动资金			
2.1.1.3	用于建设期利息			
2.1.2	其他权益资金			
2.2	债务资金			
2.2.1	用于建设投资			
2.2.2	用于流动资金			
2.2.3	用于建设期利息			
2.3	其他资金			

注：如有多种借款、多种货币时应分别列出。

附表4　外购原材料、燃料、动力估算表

序号	项　　目	单位	单价	单耗	单位金额（元）	年耗量	年金额（万元）
1	原材料						
	……						
2	燃料						
3	动力						

附表5 固定资产折旧估算表

序号	项 目	折旧年限	原值	计算期					
				1	2	3	4	…	$m+n$
1	房屋、建筑物								
1.1	原值								
1.2	当期折旧费								
1.3	净值								
2	机器设备								
2.1	原值								
2.2	当期折旧费								
2.3	净值								
3	更新设备								
3.1	原值								
3.2	当期折旧费								
3.3	净值								
4	固定资产合计								
4.1	原值								
4.2	当期折旧费								
4.3	净值								

附表6　无形资产和其他资产摊销估算表

序号	项　目	摊销年限	原值	计 算 期					
				1	2	3	4	…	$m+n$
1	土地使用权、采矿权								
1.1	原值								
1.2	当期摊销费								
1.3	净值								
2	其他无形资产								
2.1	原值								
2.2	当期摊销费								
2.3	净值								
3	其他资产								
3.1	原值								
3.2	当期摊销费								
3.3	净值								
4	无形及其他资产合计								
4.1	原值								
4.2	当期摊销费								
4.3	净值								

附表 7 总成本费用估算表

序号	项　　目	生产经营期						
		$m+1$	$m+2$	$m+3$	$m+4$	$m+5$	…	$m+n$
	生产负荷（%）							
1	原材料							
2	燃料							
3	动力							
4	工资及附加							
5	修理费							
6	其他制造费用							
7	其他管理费用							
8	其他营业费用							
	其中：变动费用							
	固定费用							
9	经营成本费用							
10	折旧费							
11	摊销费							
12	财务费用							
	其中：长期借款利息							
	流动资金借款利息							
13	总成本费用							
	其中：固定成本							
	可变成本							

附表8　营业收入及税金估算表

序号	项　　目	单位	售价（元/吨）	生产负荷××%		生产负荷100%		合计
				m+1，…		…，m+n		
				销售量	金额	销售量	金额	
1	营业收入	万吨						
2	营业税金及附加							
2.1	城市建设维护税							
2.2	教育费附加							
2.3	资源税							
3	增值税							
3.1	销项税							
3.2	进项税							

附表9　项目投资现金流量表

序号	项　　目	建设期			生产经营期				
		1	…	m	$m+1$	$m+2$	$m+3$	…	$m+n$
	生产负荷（%）								
1	现金流入								
1.1	营业收入								
1.2	补贴收入								
1.3	回收固定资产余值								
1.4	回收无形资产余值								
1.5	回收流动资金								
2	现金流出								
2.1	建设投资								
2.2	流动资金								
2.3	经营成本								
2.4	营业税金及附加								
2.5	维持运营投资								
2.6	调整所得税								
3.1	所得税前净现金流量（1－2+2.6）								
	所得税后净现金流量(1－2)								
3.2	累计所得税前净现金流量								
	累计所得税后净现金流量								

计算指标：

1. 财务内部收益率（所得税前）（%）
（所得税后）（%）
2. 投资回收期（所得税前）（年）
（所得税后）（年）
3. 财务净现值（××%，所得税前）（万元）
（××%，所得税后）（万元）

附表 10　项目资本金现金流量表

序号	项　　目	建设期			生产经营期				
		1	…	m	$m+1$	$m+2$	$m+3$	…	$m+n$
	生产负荷（%）								
1	现金流入								
1.1	营业收入								
1.2	补贴收入								
1.3	回收固定资产余值								
1.4	回收无形资产余值								
1.5	回收流动资金								
2	现金流出								
2.1	项目资本金								
2.2	借款本金偿还								
2.3	借款利息支付								
2.4	经营成本								
2.5	营业税金及附加								
2.6	所得税								
2.7	维持运营投资								
3	净现金流量（1－2）								
计算指标： 资本金财务内部收益率（%）									

附表 11　利润与利润分配表

序号	项　目	生产经营期					
		$m+1$	$m+2$	$m+3$	$m+4$	…	$m+n$
	生产负荷（%）						
1	营业收入						
2	营业税金及附加						
3	总成本费用						
4	补贴收入						
5	利润总额（1－2－3＋4）						
6	弥补以前年度亏损						
7	应纳所得税额（5－6）						
8	所得税						
9	净利润（5－8）						
10	期初未分配利润						
11	可供分配利润（9＋10）						
12	提取法定盈余公积金						
13	投资者分配的利润						
14	未分配利润						
15	累计未分配利润						
16	息税前利润						
17	息税折旧摊销前利润						

附表12　资产负债表

序号	项　　目	建设期			生产经营期				
		1	…	m	$m+1$	$m+2$	$m+3$	…	$m+n$
	生产负荷（%）								
1	资产								
1.1	流动资产总额								
1.1.1	货币资金								
1.1.2	应收账款								
1.1.3	预付款								
1.1.4	存货								
1.1.5	其他								
1.2	在建工程								
1.3	固定资产净值								
1.4	无形及其他资产净值								
2	负债及所有者权益								
2.1	流动负债总额								
2.1.1	应付账款								
2.1.2	流动资金借款								
2.1.3	其他短期借款								
2.2	建设投资借款								
	负债小计								
2.3	所有者权益								
2.3.1	资本金								
2.3.2	资本公积金								
2.3.3	累计盈余公积金								
2.3.4	累计未分配利润								
	计算指标:								
	资产负债率（%）								
	流动比率								
	速动比率								

附表 13　财务计划现金流量表

序号	项　　目	建设期			生产经营期				
		1	…	m	$m+1$	$m+2$	$m+3$	…	$m+n$
1	经营活动净现金流量								
1.1	现金流入								
1.1.1	产品营业收入								
1.1.2	增值税销项税额								
1.1.3	补贴收入								
1.1.4	其他流入								
1.2	现金流出								
1.2.1	经营成本								
1.2.2	增值税进项税额								
1.2.3	营业税金及附加								
1.2.4	增值税								
1.2.5	所得税								
1.2.6	其他流出								
2	投资活动净现金流量								
2.1	现金流入								
2.2	现金流出								
2.2.1	建设投资								
2.2.2	维持运营投资								
2.2.3	流动资金								
2.2.4	其他流出								
3	筹资活动净现金流量								
3.1	现金流入								
3.1.1	项目资本金								
3.1.2	建设投资借款								
3.1.3	流动资金借款								
3.1.4	债券								
3.1.5	短期借款								
3.1.6	其他流入								
3.2	现金流出								
3.2.1	各种利息支出								
3.2.2	偿还债务本金								
3.2.3	应付利润（股利分配）								
3.2.4	其他流出								
4	净现金流量（1+2+3）								
5	累计盈余资金								

附表14　借款还本付息计划表

序号	项　目	建设期			生产经营期				
		1	…	m	$m+1$	$m+2$	$m+3$	…	$m+n$
1	借款								
1.1	年初借款累计余额								
1.2	本年借款								
1.3	本年应计利息								
2	归还借款本息								
2.1	本年还本								
2.2	本年付息								
3	归还借款本金的资金来源								
3.1	折旧费								
3.2	摊销费								
3.3	未分配利润								
3.4	短期借款								
3.5	弥补亏损（-）								
	计算指标：								
	利息备付率								
	偿债备付率								

注：如有多种借款、多种货币时应分别列出。

附表 15　敏感性分析表

序号	不确定因素及变化率	项目财务内部收益率	敏感度系数
1	基本方案		
2	建设投资变化		
2. 1	增加 10%		
2. 2	减少 10%		
3	销售价格变化		
3. 1	增加 10%		
3. 2	减少 10%		
4	经营成本变化		
4. 1	增加 10%		
4. 2	减少 10%		
5	产品产量变化		
5. 1	增加 10%		
5. 2	减少 10%		

附表 16　综合风险等级分类表

综合风险等级		风险影响的程度			
		严重	较大	适度	低
风险的可能性	高	K	M	R	R
	较高	M	M	R	R
	适度	T	T	R	I
	低	T	T	R	I

附件

建材工业建设项目经济评价财务估算指标

一、水泥工业建设项目经济评价财务估算指标

1. 项目计算期和生产负荷率

（1）项目计算期包括建设期和生产经营期，通常以年为单位。

项目建设期的确定见表1。

表1　建设投资使用计划表

建设周期（年）	建设投资投入比例（%）	
	第1年	第2年
1.0	100	—
1.5	45~55	55~45
2.0	50~60	50~40

注：1. 财务评价中的建设期有别于项目建设工期，一般从基本设计、设备订货开始到试生产结束终止。

2. 为简化计算，项目前期工作费用，计入建设第1年。

3. 当项目建设期出现半年时，建议将第一年度作为半年。

生产经营期一般不超过20年。

（2）生产负荷率。考虑到市场等因素，投产后第一年按不低于80%，以后各年均按100%计算。

2. 投资使用计划

（1）建设投资使用计划。一般情况下建设投资使用计划可按表1确定。

涉及多种来源资金时，应按资金筹措时确定的条件分年投入，无法确定时可按下列原则设定：优先使用已筹措到位的用于建设投资的资本金；按比例投入用于建设投资的资本金和长期借款。

（2）流动资金使用计划。流动资金按投产后各年流动资金需用额分年投入，提前于使用年度的上一年年末筹集到位。

3. 流动资金

（1）流动资金估算。流动资金估算可采用分项构成法或扩大指标法计算，在可行性研究（项目申请报告）阶段宜采用分项构成法计算。

（2）分项构成法

$$流动资金=流动资产-流动负债 \quad (1)$$

流动资产主要包括存货、现金、预付款、应收账款、待扣税款等；

流动负债主要包括应付账款、预收款等。

1）流动资产：

①存货。存货一般指原料、燃料、包装材料、机物料与备品备件、半成品、产成品等

在生产经营过程中需要占用的资金。

材料：材料存货是指原料、燃料、辅助材料、包装材料、机物料及备品备件等，计算基数为相应材料的年成本费用。

周转天数及周转次数参照表2计算。

表2　材料周转天数及周转次数表

序号	存货项目	周转天数（天）	周转次数（次）	备　注
1	钙质原料	15～20	24～18	
2	硅质、铝质、铁质原料	20～30	18～12	
3	采矿用爆破材料	60～90	6～4	
4	汽油、柴油、润滑油等	20～30	18～12	
5	轮胎	90～120	4～3	
6	采矿用金属材料	180	2	
7	石膏	45～60	8～6	
8	混合材	20～30	18～12	
9	煤	30～45	12～8	
10	耐火材料	120～180	3～2	
11	包装物	30～45	12～8	
12	研磨体	90	4	
13	辊套、衬板等耐磨材料	180	2	
14	外购零部件及机物料	360	1	按设备固定资产原值的2%～3%
15	其他材料	360	1	按1～13项材料的5%～10%

注：1. 表中所列周转次数视项目所在地的交通运输条件、货源、市场供应情况等因素而定。
2. 表中所列存货周转天数有别于工艺设计中的物料储存期。

在产品：在产品存货是指生产过程中的半成品，计算基数为年经营成本费用减去营业费用及管理费用。

周转天数为6天～8天，周转次数为60次～45次。

产成品：产成品存货是指在厂内储存待售的成品，计算基数为年经营成本费用减去营业费用。

周转天数为10天～15天，周转次数36次～24次。

②应收账款。应收账款是指企业对外销售产品后尚未收回账款，计算基数为年经营成本费用。

周转天数为15天～30天，周转次数为24次～12次。

③现金。现金主要指为维持企业正常生产经营活动需要周转的资金，计算基数为年工资及福利费+其他制造费+其他管理费+营业费用。

周转天数为10天~20天，周转次数为18次~36次。

④预付账款。预付账款是指生产经营中购买各种材料、半成品等预先支付的款项。购买各种材料已经发生而尚未抵扣的进项税额也计入预付账款。

预付账款按照购进材料存货占用资金的10%计算。

待扣进项税额计算基数为年进项税额。周转天数一般按30天计，周转次数12次。

2）流动负债。流动负债是指在单个营运期内需要偿还的短期债务。主要包括各种应付账款和预收款。

①应付账款。应付账款是企业购入货物到货后尚未支付的货款。

应付账款按各种购进材料存货占用资金的5%~15%计算。

②预收款。预收款是预收的产品销售订金等，可抵消流动负债或充作流动资金。

一般情况下不计算预收款。但在产品供不应求地区，可视实际情况酌情计算。

（3）扩大指标法。一般可按年经营成本费用的10%加上年营业收入的5%计算。

（4）资金筹措。按照银行现行的惯例，流动资金中需要有30%的铺底流动资金，剩余70%可申请流动资金借款。

建设投资中随设备购买的备品备件，在安装调试和试生产期间会有部分消耗，剩余部分将转为流动资金。

财务评价中可按照备品备件费的30%~50%转为流动资金计算；安装调试和试生产期间消耗的部分计入开办费用，作为其他资产逐年摊销。

转为流动资金的备品备件可作为铺底流动资金处理。

4．总成本费用

总成本费用估算可采用生产成本加期间费用法或生产要素法。为简化计算，在不影响总成本费用计算结果的前提下，可对成本和费用的计算项目进行适当合并。

在财务评价中一般采用生产要素法进行总成本费用估算。

（1）原燃材料与动力费用。原燃材料与动力是指生产中直接消耗的外购的各种原材料、燃料、动力及水等。

财务评价中应使各种材料市场价格体系与营业收入价格体系保持一致。

材料消耗应依据设计消耗定额和经验数据决定，并应考虑合理的生产损失和库存消耗。

（2）工资及福利费。工资是指员工获得的各种工资、奖金、津贴和各种补贴等薪金所得，按照项目所在地的人员工资水平确定。职工福利费是指按照财务制度的规定，企业应该计提的工资总额14%的福利费。

（3）折旧费。折旧费按固定资产原值和分类折旧年限采用直线折旧法计算，一般不采用加速折旧，已提足折旧费的固定资产不再计提折旧。

固定资产净残值率按照财务制度的规定确定。

折旧费的计算公式如下：

$$\text{年折旧率} = \frac{1 - \text{净残值率}}{\text{折旧年限}} \times 100\% \qquad (2)$$

$$年折旧费 = 固定资产原值 \times 年折旧率 \quad (3)$$

1）房屋和建筑物。

①房屋：主要包括各类生产厂房、仓库、辅助生产厂房、厂前区和生活区的各类房屋、矿山工业场地和炸药库等，并计入受摊进入固定资产的费用。

房屋的折旧年限按照财务制度的规定确定，一般不超过35年。

②建筑物：主要包括各类圆库、预均化堆场、帐篷库、各类堆棚、联合储库、窑尾塔架、废气处理、输送机走廊及转运站、提升机楼、原料堆场、道路广场和桥涵、厂内铁路专用线、水池水塔、各类支架、地沟、地磅房、加油站、防洪设施、雨水排除、挡土墙、土石方工程等，并计入受摊进入固定资产的费用。

建筑物的折旧年限按照财务制度的规定确定，一般不超过20年。

房屋和建筑物固定资产原值占建筑工程总值（房屋和建筑物固定资产之和）的比例为：

房屋：28%~35%；

建筑物：65%~72%。

应根据建设项目有无生活区、矿山和厂前区建设规模等因素，适当调整对上述比例进行调整。

2）机器设备。机器设备固定资产原值应包括设备价格及其相应的运杂费、安装费、设备成套费、大件运输措施费、进口设备应缴的税费以及受摊进入固定资产的费用。

不同性质和用途的机器设备，采用不同的折旧年限，折旧年限按照财务制度的规定确定。各类设备占设备固定资产的比例及通常最长的折旧年限按表3确定。

表3　各类设备折旧年限表

设备分类	有矿山项目		无矿山项目	
	占设备资产的比例（%）	折旧年限（年）	占固定资产的比例（%）	折旧年限（年）
全部设备固定资产	100	—	100	—
矿山、运输、起重设备	13.8	8	6.0	8
通用机械设备	22.1	12	24.1	12
自动化及仪表设备	12.0	8	13.1	8
电力传导设备	9.0	22	9.8	22
建材专业设备	38.9	9	42.4	9
其他设备	4.2	10	4.6	10

项目建议书阶段或按分类折旧计算折旧费有困难时，可按综合折旧率计算，全厂综合折旧率为6.7%~6.9%。

（4）修理费。修理费是指维持正常生产和使用而发生的固定资产维修费用。一般按照设备到厂购置原价的4.0%~5.0%计算，进项税额为17%。

（5）摊销费。

1）无形资产。无形资产主要包括专利权、商标权、著作权、土地使用权、非专利技术和商誉等。在企业的资产构成中，有一些不形成实物形态的投资，还有一些由企业出资，但产权不归属本企业的资产，也作为无形资产。

为便于计算无形资产摊销费，将无形资产划分为四个部分，即土地使用权，长期摊销费用、外部工程费和专有技术。

①土地使用权：是指企业为取得建设用地的使用权而支付的费用，但企业支付的场地使用费不计入无形资产，而应直接计入成本费用中的管理费用。

②长期摊销费用：是指概算或估算中列入相关待摊费用，如老厂扩建的拆除工程费用、城建配套设施等。

③外部工程费：是指由企业出资建设，但产权不属于本企业的资产，如配套铁路站场改造、厂外公路桥梁的改造、输电和通信线路、港口设施改造、区域变电站改造、交给铁路部门管理使用的自备机车、货车和线路等。

④专有技术：是指专利权、非专利技术、技术转让费等。

无形资产按有效使用期限或财务制度的有关规定平均摊销，无法确定使用期限的通常按10年平均摊销。摊销年限见表4。

表4　无形资产摊销年限表

序号	无形资产内容	摊销年限（年）
1	土地使用权	企业生产经营期或财务评价确定的生产经营期
2	长期待摊费用	财务评价确定的生产经营期
3	外部工程费	10年
4	专有技术	10年

2）其他资产摊销。其他资产主要包括开办费和经营租赁方式租入的固定资产改良支出。

开办费是指筹建期间发生的费用支出，包括筹建期的人员工资、办公费、培训费、差旅费、印刷费、注册登记费以及不计入固定资产和无形资产购建成本的汇兑损益和利息支出。试生产期间消耗的部分随设备订购的备品备件也计入开办费。

按照财务制度规定，开办费自投产第一年起分五年摊销，经营租赁方式租入的固定资产改良支出按租赁周期或约定条件进行摊销。

（6）其他费用。包括扣除工资及福利费、折旧费、摊销费和修理费以后的其他制造费用、其他管理费用和其他营业费用；按国家规定出口退税和减免税项目中不能抵扣的进项税额，也应计入其他费用之中。

1）其他制造费用。一般按照固定资产原价的2.0%～3.0%计算，进项税额11.5%。

2）其他管理费用。一般按照营业收入的2.0%加上按工资总额计取的“五险一金”计算，“五险一金”的计算方式参照当地规定，一般为工资总额的30%～40%。

按营业收入计算的项目进项税额为5%。

3）其他营业费用。主要包括包装材料费、运输费、港杂费、装卸费、广告费和其他费用。主要计算参数见表5。

表5　营业费用和消耗定额表

序号	费用名称	取费基数	费用和消耗定额	备　注
1	包装材料			
	内销：纸袋	吨水泥	20.1个	
	外销：集装袋	吨水泥	1.02个	1吨袋子
	集装袋	吨水泥	0.51个	2吨袋子
2	运输费		按实计算	用户指定地点或港口交货
3	装卸费		按实计算	用户指定地点或港口交货
4	港杂费		按实计算	指在港口及船上交货时
5	广告费	营业收入	0.05%~0.1%	供不应求的地区可不计算
6	其他营业费用	吨水泥	2元/吨~3元/吨	

（7）财务费用。一般情况下只计算生产期利息净支出，包括长期借款、短期借款和流动资金借款的当年应计利息，按照上年末借款余额及利率分别计算。

二、平板玻璃工业建设项目经济评价财务估算指标

1. 项目计算期和生产负荷率

（1）项目计算期。包括建设期和生产期，浮法玻璃项目的建设期原则上按1年考虑，计算期原则上按15年确定。

（2）生产负荷率。新建浮法玻璃项目，投产第1年生产负荷率确定为85%~90%，从第2年起为100%。

2. 投资使用计划

（1）建设投资使用计划。建设投资资金来源一般由自有资金（注册资金）和借入资金组成。资金来源有多种渠道时，按资金筹措计划在建设期内分年投入。使用原则设定为：按分年用款计划，一是优先使用已筹集的自有资金，二是按比例使用自有资金和长期借款。

建设期各年资金投入比例按表6规定。建设第1年以前发生的前期工作费用，为简化计算，亦计入建设第1年。

表6　建设投资使用计划表

建设周期（年）	建设投资投入比例（%）	
	第1年	第2年
1	100	
2	50~60	50~40

（2）流动资金使用计划。流动资金一般应在投产前开始投入，为简化计算，规定流动资金按生产期各年生产负荷进行安排，其借款部分按全年计算利息。达产后流动资金一

般不再变化。

3. 流动资金

（1）流动资金构成。企业流动资金是流动资产与流动负债之差。流动资产包括应收账款、现金及银行存款、存货等，其中存货包括各种原材料、燃料、包装物（主要指周转使用的集装架、板材等）、低值易耗品（含不作为固定资产核算的备品备件、工具家具等）、在产品、产成品。流动负债包括应付账款等。

（2）流动资金综合定额。新建浮法玻璃项目，流动资金综合定额按经营成本的20%～40%确定。在项目建议书阶段，可采用综合定额估算项目所需流动资金。

（3）流动资金周转次数和定额。采用分项详细估算法计算项目所需流动资金时，各项流动资产及流动负债周转次数按表7确定。

表7　流动资金周转次数表

序号	项　　目	周转天数(天)	年周转次数(次)	计算基数
1	流动资产			
1.1	应收账款	30～40	12～9	年经营成本
1.2	存货			
1.2.1	原材料	30～60	12～6	年外购原材料费用
	其中：硅砂	30～60	12～6	年外购硅砂费
	纯碱	30～60	12～6	年外购纯碱费
	芒硝、碳粉	30～60	12～6	年外购芒硝、碳粉费
	钙、镁、铝质料	20～30	18～12	年外购钙、镁、铝质料费
	锡	180	2	年外购锡费
	集装架	90	4	年外购集装架费
	板材等	20～30	18～12	年外购板材等费用
	备品备件	90	4	年外购备品备件费
1.2.2	燃料	30～60	12～6	年外购燃料费
1.2.3	在产品	2～6	180～60	年经营成本减管理费用及销售费
1.2.4	产成品	15～30	24～12	年经营成本
1.3	银行存款及现金	15～20	24～18	年经营成本
2	流动负债			
2.1	应付账款	30～60	12～6	年外购原材料、燃料及动力费

注：表中所列周转次数根据货源运输条件、市场供应情况，由设计者合理取定。

4. 总成本费用

（1）总成本费用构成。根据新的财务制度，总成本费用构成如下：

1）制造成本（生产成本）：

直接成本（原材料、辅助材料、燃料、动力、包装材料、工资及福利费）；

制造费用（折旧费、修理费、其他制造费用）。

2）管理费用（无形资产及其他资产摊销、其他管理费用）。

3）财务费用。

4）营业费用。

为简化计算，全厂职工的工资及福利费合并在直接成本中统一计算，制造费用、管理费用、营业费用中不再计算管理人员的工资及福利费，在职工福利费中开支的医务及幼托等服务人员工资，也计入直接成本中。全厂的折旧费、修理费统一在制造费用中计算，管理费用和营业费用中不再计算折旧费和修理费。

（2）制造成本计算。

1）原材料、辅助材料、燃料、动力消耗。采用设计消耗定额，原料消耗定额中应考虑合理的含水率及生产损失，动力消耗只计算生产用电，车间照明、厂区道路广场照明及行政、生活用电分别在制造费用、管理费用的水电费中计算。生产用水按外购新鲜水量计算。

2）工资及福利费。全厂职工的工资及福利费统一在此项核算，工资包括基础工资、各种保险、津贴和奖金，福利费按国家劳动保障的有关规定计算。

工资标准根据项目所在地同类企业的实际工资水平，由设计人员确定。

3）制造费用定额。根据财务制度规定，结合平板玻璃企业的情况，制造费用包括：生产单位管理人员工资和福利费、折旧费、修理费、办公费、水电费、机物料消耗、劳动保护费、季节性和修理期间的停工损失等。

为简化计算，把制造费用中扣除固定资产折旧费、修理费、生产单位管理人员工资及福利费外的其余部分称作其他制造费用，其定额按直接成本的2%～8%范围内计算。具体取值由设计人员根据项目实际情况确定。

4）折旧费。折旧费可按固定资产原值和分类折旧年限计算，折旧方法采用年限平均法，固定资产（除熔窑外）净残值率为5%，已提足折旧继续使用的固定资产不再计提折旧。

折旧费计算公式如下：

$$\text{年折旧率} = \frac{1-\text{净残值率}}{\text{折旧年限}} \times 100\% \tag{4}$$

$$\text{年折旧费} = \text{固定资产原值} \times \text{年折旧率} \tag{5}$$

根据平板玻璃工业特点，为便于简化计算，把固定资产分为三类，即房屋及建筑物、机电设备、玻璃熔窑，分类折旧年限见表8。玻璃熔窑是玻璃工业的一种特殊热工设备，有一定冷修周期，其折旧年限按设计窑龄取值（目前设计的玻璃熔窑，窑龄为5年～12年），每年提取的熔窑折旧费专款存入银行，待冷修年作为修窑费用。

表8　固定资产分类折旧年限表

序号	固定资产分类	折旧年限（年）	净残值率（%）
1	房屋及建筑物	30～40	5
2	机电设备	10～15	5
3	玻璃熔窑	5～12	20

5）综合折旧率。项目建议书阶段可采用综合折旧率计算折旧费，固定资产综合折旧率按固定资产原值的5%～10%确定。

6）修理费。新建浮法玻璃项目，修理费按固定资产原值的2%～5%确定。

（3）管理费用。

1）管理费用内容及定额。管理费用是指企业为管理和组织生产经营活动所发生的各项费用，包括公司经费、工会经费、职工教育经费、劳动保险费、待业保险费、董事会费、咨询费、聘请中介机构费、诉讼费、业务招待费、排污费、房产税、车船使用税、土地使用税、印花税、矿产资源补偿费、技术转让费、研究与开发费、无形资产与其他资产摊销、计提的坏账准备和存货跌价准备等。

为简化计算，把管理费用中扣除工资及福利费、折旧费、修理费、摊销费后的其余部分称作其他管理费用，其定额按直接成本2%～6%范围内计算。具体取值由设计人员根据项目实际情况确定。

2）无形资产摊销。无形资产原值是指项目投产时按规定由投资形成无形资产的部分，包括土地使用权、专利权、非专利技术、城市建设配套费、供气增容费、商标权和商誉等。

无形资产从投产年份起，按法律和合同规定的有效期限平均分期摊销，没有规定使用期限的按10年摊销。

3）其他资产摊销。其他资产费用是指建设投资中除形成固定资产和无形资产以外的部分，主要包括筹建期的人员工资、办公费、培训费、差旅费、印刷费、企业注册登记费等开办费用，以及生产职工培训费及提前进厂费等。

其他资产摊销采用平均年限法，不计残值，从投产年份起按5年摊销。

4）财务费用。财务费用包括企业生产期间发生的利息支出（减利息收入）、汇总净损益以及相关的手续费等。利息支出的估算包括长期借款利息、流动资金借款利息和短期借款利息三部分，利率按国家规定或借款合同约定的利率计算。

5）营业费用。营业费用是指企业在销售商品过程中发生的各项费用以及专设销售机构的各项费用，包括应由企业负担的运输费、装卸费、保险费、广告费、展览费以及专设销售机构人员工资及福利费、类似工资性质的费用、业务费等经营费用。

项目财务评价中，营业费用按营业收入的0.5%～5%计算。

建材工业建设项目经济评价方法与参数

条 文 说 明

1 总　　则

1.1 建设项目经济评价是建设项目决策的重要依据，对于提高建设项目决策的科学化水平，引导资金投向，优化投资结构，充分发挥投资效益具有重要的作用。

本方法与参数是为适应社会主义市场经济的发展，加强和规范建材工业建设项目经济评价工作，保证经济评价的质量，在总结我国建材工业建设项目经济评价工作经验的基础上，根据国务院《关于投资体制改革的决定》和国家发展和改革委、建设部《关于印发建设项目经济评价方法与参数的通知》（发改投资〔2006〕1325号）的精神编制而成。

1.8 建材工业是竞争性行业，市场是配置资源的决定性因素。因此，除审批部门、项目业主有要求等特殊情况外，一般建材工业建设项目不需要进行经济费用效益分析（即国民经济评价）。

1.9 本方法与参数附件中的财务估算指标为推荐性指标，包括水泥、平板玻璃两个主要子行业。其他未推荐财务估算指标的子行业如建筑卫生陶瓷、非金属矿等子行业可借鉴推荐指标，并根据自身特点取值。

2 财务效益与费用估算

2.1 财务效益与费用是财务评价的重要基础，其估算的准确性与可靠性直接影响财务评价结论。财务效益与费用的识别和估算应注意以下问题：

1. 财务效益与费用的估算应遵循“有无对比”的原则。“有无对比”是国际上项目评价中通用的效益与费用识别的基本原则，与项目评价的许多方面一样，财务效益与费用的识别同样需要遵循这条原则。所谓“有项目”是指实施项目后的将来状况，“无项目”是指不实施项目时的将来状况。在识别项目的效益和费用时，须注意“有无对比”的差额部分才是由于项目的建设增加的效益和费用。

2. 财务效益与费用的估算范围应体现效益与费用对应一致的原则，即在合理确定的项目范围内，对等地估算财务主体的直接效益以及相应的直接费用，避免高估或低估项目的净效益。

3. 财务效益与费用的估算应注意遵守现行财务、会计以及税收制度的规定。由于财务效益与费用的识别和估算是对未来的预测，经济评价允许做有别于财会制度的处理，但是要求财务效益与费用的识别和估算在总体上与会计准则以及税收制度相适应。

2.3 根据《建设项目经济评价方法与参数》（第三版），项目评价中的总投资是指项目建设和投入运营所需要的全部投资，为建设投资、建设期利息和流动资金之和。项目评价中的总投资区别于目前国家考核建设规模的总投资，后者为建设投资、建设期利息和铺底流动资金之和。

2.4 建设投资是指项目从筹建到投入运营所需花费的全部资本性支出，由工程费用、工程建设其他费用和预备费组成。建设投资是项目财务评价的重要基础数据，可根据项目前期工作的不同阶段、对投资估算精度的要求及相关规定选用估算方法。

2.5 建设期借款利息是指在建设期内发生并按规定允许在投产后计入固定资产原值的债务资金利息。估算建设期借款利息需要根据项目进度计划，提出建设投资分年计划，列出各年投资额，同时根据不同情况选择名义年利率或有效年利率。

2.6 项目运营需要流动资产投资，但项目评价中需要估算并预先筹措的是从流动资产中扣除流动负债，即企业短期信用融资（应付账款）后的流动资金。项目评价中流动资金的估算应考虑应付账款对需要预先筹措的流动资金的抵减作用；对有预收账款的某些项目，还可同时考虑预收账款对流动资金的抵减作用。

2.7 总成本费用是指建设项目在生产经营期内为生产和销售产品而发生的全部费用。总成本费用估算可采用“生产要素估算法”，也可采用“生产成本加期间费用估算法”。

采用“生产要素估算法”估算的总成本费用包括外购原材料和辅助材料费、外购燃料及动力费、人员工资及福利费、折旧费、摊销费、修理费、财务费用（利息支出）和其他费用。其他费用包括“生产成本加期间费用估算法”中的其他制造费用、其他管理费用和其他营业费用。

2.8 营业收入是通过销售产品所取得的收入，应根据各种产品销售量和销售价格计算。

2.10 补贴收入包括先征后返的增值税和各种形式的财政补贴。补贴收入应根据财政、税务部门的规定，分别计入或不计入应税收入。

3　资金来源与融资方案

融资方案与投资估算、财务评价密切相关。一方面，融资方案必须满足投资估算确定的投资额及其使用计划对投资数额、时间和币种的要求；另一方面，不同方案的融资后财务评价结论，也是比选、确定融资方案的依据，而融资方案确定的项目资本金和项目债务资金的数额及相关融资条件又为进行资本金盈利能力分析、项目偿债能力分析、项目财务生存能力分析等财务评价提供了必需的基础数据。

4 财务评价

4.2 项目决策可分为投资决策和融资决策两个层次。投资决策重在考察项目净现金流量的价值是否大于其投资成本，融资决策重在考察资金筹措方案能否满足预期盈利要求。投资决策在前，融资决策在后。根据不同决策的需要，财务评价可分为融资前分析和融资后分析。

财务评价一般宜先进行融资前分析，即不考虑债务融资条件下进行的财务评价。在融资前分析结论满足要求的情况下，初步设定融资方案，再进行融资后分析。

融资前分析只进行盈利能力分析，并以项目投资折现现金流量分析为主，计算项目投资内部收益率和净现值指标，也可计算投资回收期指标（静态）。融资后分析主要针对项目资本金折现现金流量和投资各方折现现金流量进行分析，既包括盈利能力分析，又包括偿债能力分析和财务生存能力分析等内容。

1. 融资前分析：

（1）融资前项目投资现金流量分析是从项目投资总获利能力的角度，考察项目方案设计的合理性。根据需要，可从所得税前和（或）所得税后两个角度进行考察，选择计算所得税前和（或）所得税后指标。

融资前现金流量分析中，调整所得税的计算基数为息税前利润，有别于利润与利润分配表中按应纳税所得额计算得到的所得税。

（2）进行现金流量分析应正确识别和选用现金流量，包括现金流入和现金流出。融资前分析的现金流量应与融资方案无关。从该原则出发，融资前项目投资现金流量分析的现金流量主要包括营业收入、建设投资、流动资金、经营成本和营业税金及附加。

（3）所得税前分析的现金流入主要是营业收入，还可能包括补贴收入；在计算期的最后一年，还包括回收固定资产余值、回收无形资产余值及回收流动资金。现金流出主要包括建设投资、流动资金、经营成本、营业税金及附加；如果生产经营期内需要发生设备或设施的更新费用以及矿山开采的拓展费用等（记作维持运营投资），也应作为现金流出。净现金流量（现金流入和现金流出之差）是计算分析指标的基础。

根据上述现金流入和流出编制项目投资现金流量表，并依据该表计算项目投资财务内部收益率（*FIRR*）和财务净现值（*FNPV*）。

（4）财务评价中，一般将内部收益率的判别基准（i_c）和计算净现值的折现率采用同一数值，从而可使 $FIRR \geqslant i_c$ 对项目效益的判断和采用 i_c 计算的 $FNPV \geqslant 0$ 对项目效益的判断结果一致。

2. 在融资前分析结果可以接受的前提下，可以开始考虑融资方案，进行融资后分析。融资后分析包括项目的盈利能力分析、偿债能力分析以及财务生存能力分析，进而判断项目方案在融资条件下的合理性。融资后分析是比选融资方案，进行融资决策和投资者作出投资决策的主要依据。

融资后盈利能力分析，包括动态分析和静态分析：

（1）动态分析。动态分析是通过编制财务现金流量表，根据资金时间价值原理，计算财务内部收益率、财务净现值等指标分析项目的获利能力。融资后的动态分析可分为下列两个层次：

1）项目资本金现金流量分析。项目资本金现金流量分析是从项目权益投资者整体的角度，考察项目给项目权益投资者带来的收益水平。它是在拟定的融资方案基础上进行的息税后分析，依据的报表是项目资本金现金流量表。

项目资本金现金流量表将各年投入的项目资本金作为现金流出，各年缴付的所得税和还本付息也作为现金流出，因此其净现金流量表示为在缴税和还本付息之后的剩余，即项目为投资者增加的净收益，也是投资者的权益性收益。项目资本金现金流量表中的现金流入主要包括营业收入、补贴收入、回收固定资产余值、回收无形资产余值及回收流动资金，现金流出主要包括项目资本金、借款本金偿还、借款利息支付、经营成本、营业税金及附加、所得税以及维持运营投资。

项目资本金内部收益率的判别基准是投资者整体对投资获利的最低期望值，亦即最低可接受的收益率。当计算的项目资本金内部收益率大于或等于该最低可接受收益率时，说明投资获利水平大于或达到了要求，是可以接受的。

2）投资各方现金流量分析。投资各方的内部收益率表示了投资各方的收益水平。一般情况下，投资各方按股本比例分配利润和分担亏损风险，因此投资各方的利益一般是均等的，没有必要计算投资各方的内部收益率。只有投资者中的各方有股权之外的不对等的利益分配时（如契约式的合作企业），投资各方的收益率才会有差异，则此时需要计算投资各方的内部收益率，有助于投资各方的合作谈判。

（2）静态分析。静态分析是不采取折现方式处理数据，主要依据利润与利润分配表，并借助现金流量表计算相关盈利能力指标，包括总投资收益率、项目资本金净利润率、投资利润率和投资利税率等指标。

4.4 对于具有债务资金（以下简称借款）的项目，偿债能力考察项目能否按期偿还借款的能力。通过计算利息备付率和偿债备付率指标，判断项目的偿债能力。如果能够得知或根据经验设定所要求的借款偿还期，可以直接计算出利息备付率和偿债备付率指标；如果难以设定借款偿还期，也可以先大致估算出借款偿还期，再采用适宜的方法计算出每年需要还本付息的金额，代入公式计算利息备付率和偿债备付率指标。需要估算借款偿还期时，可按下式估算：

$$\text{借款偿还期} = \text{借款偿还后开始出现盈余年份} - \text{开始借款年份} + \text{当年借款额} / \text{当年可用于还款的资金额}$$

需注意的是，该借款偿还期只是为估算利息备付率和偿债备付率指标使用，不应与利息备付率和偿债备付率指标并列。

4.5 在项目（企业）生产经营期间，确保从各项经济活动中得到足够的净现金流量是项目能够持续生存的条件。财务评价中应根据财务计划现金流量表，综合考虑项目计算期内各年的投资活动、融资活动和经营活动所产生的各项现金流入和流出，计算净现金流量和累计盈余资金，分析项目是否有足够的净现金流量维持正常运营。为此，财务生存能力分析亦称为资金平衡分析。

通常因运营初期的还本付息负担较重，故应特别注重运营初期的财务生存能力分析。一般可通过以下相辅相成的两个方面具体判断项目的财务生存能力分析：

1. 拥有足够的经营净现金流量是财务可持续的基本条件，特别是在运营初期。一个项目具有较大的经营净现金流量，说明项目方案比较合理，实现资金平衡的可能性大，不会过分依赖短期融资来维持运营；反之，一个项目不能产生足够的经营净现金流量，或者经营净现金流量为负值，说明项目维持正常运行会遇到财务上的困难，项目方案缺乏合理性，实现自身资金平衡的可能性小，有可能要靠短期融资来维持运营。

2. 各年累计盈余资金不出现负值是财务生存的必要条件。在整个生产经营期间，允许个别年份的经营净现金流量出现负值，但不能容许任一年份的累计盈余资金出现负值。一旦出现负值时应适时进行短期融资，该短期融资应体现在财务计划现金流量表中，同时短期融资利息也应纳入成本费用和其后的计算。较大或较频繁的短期融资，有可能导致以后累计盈余资金无法实现正值，致使项目难以持续运营。

4.6 财务评价各种报表格式的设置以现行会计制度为依据，同时结合项目具体特点进行简化和调整。

附表11“利润与利润分配表”中，所得税科目以下的部分为利润分配内容。该表的利润分配内容和顺序应根据《企业会计制度》的规定确定，具体为：

1. 当期实现的利润，加上期初未分配利润（或减去期初未弥补亏损），为可供分配利润。

2. 以当年净利润为基数提取法定盈余公积金。

3. 可供分配利润减去提取的法定盈余公积金后，为可供投资者分配的利润。

4. 可供投资者分配的利润，按以下顺序分配：

（1）应付优先股股利（如有优先股的话），是指按照利润分配方案分配给优先股股东的现金股利。

（2）提取任意盈余公积，是指按规定提取的任意盈余公积金。

（3）应付普通股股利，是指企业按照利润分配方案分配给普通股股东的现金股利。分配给投资者的利润，也在此核算。

（4）经过上述分配后的剩余部分为未分配利润。

5　不确定性分析与风险分析

5.1　不确定性分析：

1. 项目经济评价采用的基本变量都是对未来的预测和假设，因而具有不确定性。通过对拟建项目具有较大影响的不确定性因素进行分析，计算基本变量的增减变化引起项目财务或经济效益指标的变化，找出最敏感因素及其临界点。预测项目可能承担的风险，从而使项目的投资决策建立在较为稳妥的基础上。

2. 风险是指未来发生不利事件的概率或可能性。投资建设项目经济风险是指由于不确定性的存在导致项目实施后偏离预期财务和经济效益目标的可能性。经济风险分析是通过对风险因素的识别，采用定性或定量分析的方法估计各风险因素发生的可能性及对项目的影响程度，揭示影响项目成败的关键风险因素，提出项目风险的预警、预报和相应的对策，为投资决策服务。经济风险分析的另一重要功能还在于它有助于在可行性研究的过程中，通过信息反馈，改进或优化项目设计方案，直接起到降低项目风险的作用。风险分析的程序包括风险因素识别、风险估计、风险评价与防范应对。

3. 不确定性分析与风险分析既有联系，又有区别，由于人们对未来事物认识的局限性，可获信息的有限性以及未来事物本身的不确定性，使得投资建设项目的实施结果可能偏离预期目标，这就形成了投资建设项目预期目标的不确定性，从而使项目可能得到高于或低于预期的效益，甚至遭受一定的损失，导致投资建设项目“有风险”。通过不确定性分析可以找出影响项目效益的敏感因素，确定敏感程度，借助于风险分析可以得知不确定性因素发生的可能性以及给项目带来经济损失的程度。不确定性分析找出敏感因素又可以作为风险因素识别和风险估计的依据。

5.2　盈亏平衡分析：

1. 盈亏平衡分析是指项目达到设计生产能力的条件下，通过盈亏平衡点（*BEP*），分析项目成本与收入的平衡关系。盈亏平衡点是项目盈利与亏损的转折点，即在这一点上，营业收入等于总成本费用，正好盈亏平衡，用于考察项目对产出品数量变化的适应能力和抗风险能力。盈亏平衡点越低，表明项目适应产出品变化的能力越大，抗风险能力越强。

2. 盈亏平衡点可通过正常年份的产量或者销售量、可变成本、固定成本、产品价格和营业税金及附加等数据计算。可变成本主要包括原材料、辅助材料、燃料、动力消耗、包装费等；固定成本主要包括工资（计件工资除外）、折旧费、摊销费、修理费、财务费用和其他费用等。可计算正常生产年份的盈亏平衡点，也可通过计算生产经营期内的平均盈亏平衡点进行盈亏平衡分析。

3. 盈亏平衡点分析分为线性盈亏平衡分析和非线性盈亏平衡分析，项目评价中仅进行线性盈亏平衡分析。

5.3　敏感性分析是投资建设项目评价中应用十分广泛的一种技术，用以考察项目涉及的各种不确定性因素对项目基本方案经济评价指标的影响，找出敏感因素，估计项目效益对它们的敏感程度，粗略预测项目可能承担的风险，为进一步的风险分析打下基础。

敏感性分析包括单因素和多因素分析。单因素分析是指每次只改变一个因素的数值来进行分析，估算单个因素的变化对项目效益产生的影响；多因素分析则是同时改变两个或两个以上相互独立的因素来进行分析，估算多因素同时发生变化的影响。为了找出关键的敏感性因素，通常只进行单因素敏感性分析。

单因素敏感性分析。根据建材工业建设项目的特点，通常选择建设投资、销售价格、经营成本、产品产量等对项目效益影响较大且重要的不确定性因素作为敏感性因素，变化的百分率一般为±5%、±10%、±15%等；选取的效益指标以项目投资财务内部收益率为主，必要时也可分析其他指标如财务净现值、投资回收期等。敏感性分析结果可通过敏感性分析表或敏感性分析图表示。

2. 临界点是指不确定性因素的变化使项目由可行变为不可行的临界数值，可采用不确定性因素相对基本方案的变化率或其对应的具体数值表示。

临界点可通过试算法或公式求解，也可根据敏感性分析图求得。在敏感性分析图上以基准收益率为基点划一条水平线，水平线与各敏感因素曲线的交点即为该敏感因素的临界点，其所对应的横坐标值就是该因素变动的临界值（见图1）。

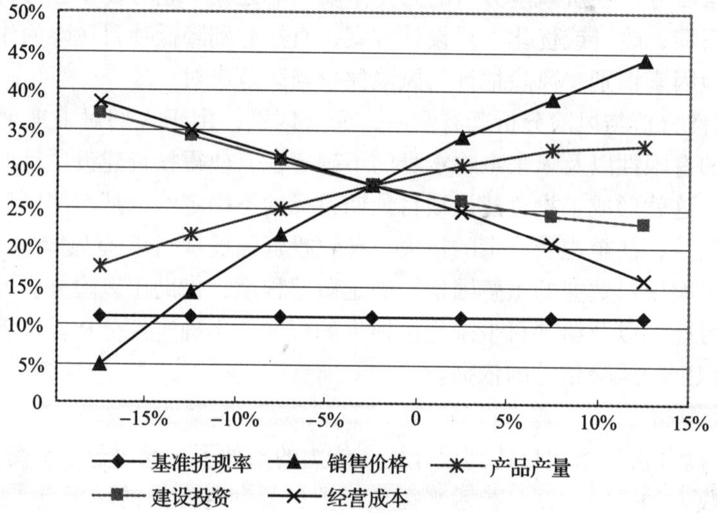

图1　敏感性分析图

5.5　风险因素识别可以从原因查结果，也可以从结果反过来找原因。主要方法有德尔菲法、分解法和逻辑框架法等。由于这几种方法提供了不同的思维方式，因而往往综合起来一起运用。

5.6　风险发生的可能性通过风险事件概率分布表达。在确定概率分布时，要充分利用已获得的各种信息，在获得的信息不够充分的条件下要根据主观判断和近似的方法确定概率分布。风险发生对项目的影响程度可以采用敏感性分析的结果，统计分析风险发生后经济指标的数值变化。

5.7　风险评价是对各种风险因素发生的概率和可能导致的损失大小的评价，确定项目的整体风险水平，找到项目的关键风险，为如何处置这些风险提供科学依据。风险评价的判别标准可采用两种类型：

1. 以经济指标的累计概率、标准差作为判别标准。

通过概率树法计算各种风险因素发生时，项目可行或不可行的发生概率。

（1）财务内部收益率大于等于基准收益率的累计概率值越大，风险越小；标准差越小，风险越小。

（2）财务净现值大于等于零的累计概率值越大，风险越小；标准差越小，风险越小。

2. 以综合风险等级作为判别标准。

风险等级的划分既要考虑风险因素出现的可能性，又要考虑风险出现后对项目的影响程度，有多种表述方法，一般应选择矩阵列表法划分风险等级。矩阵列表法简单直观，将风险因素出现的可能性及对项目的影响程度构造一个矩阵，表中每一单元对应一种风险的可能性及其影响程度。为适应现实生活中人们往往以单一指标描述事物的习惯，将风险的可能性与影响程度综合起来，用某种级别表示，见附表16。该表是以风险应对的方式来表示风险的综合等级。所示风险等级亦可采用数学推导和专家判断相结合确定。

综合风险等级分为K、M、T、R、I五个等级：

K（Kill）表示项目风险很高，出现这类风险就要放弃项目；

M（Modify plan）表示项目风险强，需要修正拟议中的方案，通过改变设计或采取补偿措施等；

T（Trigger）表示风险较强，设定某些指标的临界值，指标一旦达到临界值，就要变更设计或对负面影响采取补偿措施；

R（Review and reconsider）表示风险适度（较小），适当采取措施后不影响项目；

I（Ignore）表示风险低，可忽略。

落在附表16左上角的风险会产生严重后果；落在附表16左下角的风险，发生的可能性相对低，必须注意临界指标的变化，提前防范与管理；落在附表16右上角的风险影响虽然相对适度，但是发生的可能性相对高，也会对项目产生影响，应注意防范；落在附表16右下角的风险，损失不大，发生的概率小，可以忽略不计。

以上推荐的风险等级的划分标准并不是唯一的，其他可供选择的划分标准有很多，如常用的风险等级划分为1级~9级。

5.8 在经济风险分析中找出的关键风险因素对项目的成败具有重大影响，需要采取相应的应对措施，尽可能降低风险的不利影响，实现预期投资效益。

1. 选择风险防范对策的原则：

（1）贯穿于项目可行性研究的全过程。可行性研究是一项复杂的系统工程，而经济风险来源于资金、技术、市场、工程等各个方面，因此，应从规划设计上就采取规避防范风险的措施，才能防患于未然。

（2）针对性。风险对策研究应有很强的针对性，针对特定项目主要的或关键的风险因素提出必要的措施，将其影响降到最低程度。

（3）可行性。可行性研究阶段所进行的风险防范研究应立足于现实客观的基础之上，提出的风险防范应在财务、技术等方面是切实可行的。

（4）经济性。规避防范风险是要付出代价的，如果提出的风险防范所花费的费用远大于可能造成的风险损失，该对策将毫无意义。在风险防范研究中应将规避防范风险措施所付出的代价与该风险可能造成的损失进行权衡，旨在寻求以最少的费用获取最大的风险效益。

2. 决策阶段的风险防范对策：

（1）提出多个备选方案，通过多方案的技术、经济比较，选择最优方案。

（2）对有关重大工程技术难题潜在风险因素提出必要的研究与试验课题，准确地把握有关问题，消除模糊认识。

（3）对影响投资、质量、工期和效益等有关数据，如价格、汇率和利率等风险因素，在编制投资估算、制订建设计划和分析经济效益时，应留有充分的余地，谨慎决策，并在项目执行过程中实施有效监控。

3. 建设或运营期的风险防范可建议采取回避、转移、分担和自担措施。

（1）风险回避是彻底规避风险的一种做法，即断绝风险的来源。风险回避一般适用于以下两种情况：某种风险可能造成相当大的损失；或者风险防范代价昂贵，得不偿失。

（2）风险分担是针对风险较大，投资人无法独立承担，或是为了控制项目的风险源而采取与其他企业合资或合作等方式，共同承担风险、共享效益的方法。

（3）风险转移是将项目业主可能面临的风险转移给他人承担，以避免风险损失的一种方法。转移风险有两种方式：一是将风险源转移出去，如将已做完前期工作的项目转给他人投资，或将其中风险大的部分转给他人承包建设或经营；二是只把部分或全部风险损失转移出去，包括保险转移方式和非保险转移方式两种。

（4）风险自担就是将风险损失留给项目业主，让业主自己独立承担项目的风险。投资者已知有风险但由于可能获利而需要冒险时，同时又不愿意将获利的机会分给别人，必须保留和承担这种风险。

6 方案经济比选

方案经济比选是项目评价的重要内容。建设项目的投资决策以及项目可行性研究的过程是方案比选和择优的过程，在可行性研究和投资决策过程中，对涉及各决策要素和研究方面，都应从技术和经济相结合的角度进行多方案分析论证，比选优化，如工厂规模、产品方案、技术和设备选择、厂址选择、工程方案等。

7　改扩建项目的财务评价特点

7.1　改扩建项目的范畴和特点：

改建、扩建、技术改造、迁建、停产复建等项目都可以归入改扩建项目的范畴。

改扩建项目的目的在于增加产品供给、开发新型产品，调整产品结构，提高技术水平、降低能源消耗、节省运行费用、改善劳动条件，治理生产环境等。项目的效益与其目的有关，有些效益可以用目的直接体现，有些效益要通过间接途径来表现。

7.2　改扩建项目通过既有法人融资并承担债务偿还，以“增量”投资（费用），使用一部分“存量”资产与资源，带来“总量”效益。

1. 分析改扩建项目要使用到的五种数据：

（1）“有项目”是指既有企业进行投资活动后，在项目的经济寿命期内，在项目范围内可能发生的效益与费用流量。

（2）“无项目”是指既有企业利用拟建项目范围内的部分或全部原有生产设施（资产），在项目计算期内可能发生的效益和费用流量。它是在不实施项目的情况下，在现状基础上，考虑计算期内效益（费用）的变化趋势，经预测得出的时间序列数值。

“无项目”数据是非常重要的基础数据。如果不投资，不上项目，和现状相比，各项效益（费用）一般是要发生变化的，因此分析项目时，必须对“无项目”时的变化趋势进行预测。

（3）“增量”，是指“有项目”的流量减“无项目”的流量，是时间序列的数据。“有项目”的投资减“无项目”的投资是增量投资；“有项目”的效益减“无项目”的效益是增量效益；“有项目”的费用减“无项目”的费用是增量费用。

（4）“现状”是指项目实施前的资产与资源、效益与费用数据，也可称基本值，是一个时点数。“现状”数据对于比较“项目前”与“项目后”的效果有重要作用。“现状”数据也是预测“有项目”与“无项目”的基础。

“现状”数据一般可用实施前一年的数据，当该年的数据不具有代表性时，可选用有代表性年份的数据或近几年数据的平均值。其中，特别是对生产能力的估计，应慎重取值。

（5）“新增”是指项目实施过程中各时点“有项目”的流量与“现状”数据之差，也是时间序列的数据。“新增”投资包括建设投资、建设期利息和流动资金，还包括原有资产的改良支出、拆除、运输和重新安装费用。“新增”投资是改扩建项目筹措资金的依据。

2. 项目范围界定合适与否与项目的经济效益和评价的繁简程度有直接关系。

（1）对于“整体改扩建”的项目，项目范围包括整个既有企业，除要使用既有企业的部分原有资产、场地、设施，还要另外新投入一部分资金进行扩建或技术改造。企业的投资主体、融资主体、还债主体、经营主体是统一的，项目的范围就是企业的范围。

（2）对于“局部改扩建”项目，项目范围只包括既有企业的一部分，只使用既有企业的一部分现有资产、资源、场地、设施，加上新投入资金，形成改扩建项目；企业的投资主体、融资主体与还债主体仍然是一致的，但可能与经营主体分离。整个企业只有一部分包含在项目“范围内”，还有相当一部分在“企业内”，但属于项目“范围外”。

（3）在保证项目的费用和效益口径一致以及不影响分析结果的情况下，应尽量缩小项目的范围，有可能的话，只包括与项目直接关联的财务费用与效益。在界定了项目的范围后，就应当正确识别与估算项目范围内、外的费用和效益。

7.3 改扩建项目财务评价采用与新建建设项目财务评价一致的基本原理和分析指标。遵循“有无对比”的原则，利用“有项目”与“无项目”的效益与费用计算增量效益与增量费用，用于分析项目的增量盈利能力，并作为项目决策的重要依据之一。

为简化计算，建材工业改扩建项目，当项目增量效益和增量费用可以直接计算时，可直接计算增量效益和增量费用，进行增量分析。

7.4 由于项目与既有企业既有联系又有区别，一般可进行以下两个层次的分析。

1. 项目层次的偿债能力分析，编制借款还本付息计划表并分析拟建项目“有项目”的偿债能力，计算利息备付率和偿债备付率，考察还款资金来源（折旧、摊销、利润）是否能按期偿还借款利息和本金。若“有项目”还款资金不足，应分析“有项目”还款资金缺口，由既有企业为项目额外提供还款资金补足。

对建材工业改扩建项目，一般可直接用“增量”数据和相关指标进行分析。

2. 企业层次的借款偿债能力。根据企业的经营与债务情况，在计入项目借贷及还款计划后，估算既有企业总体的偿债能力。银行等金融部门在做贷款决定之前，往往要了解现有企业的财务状况，尤其是企业的债务情况（含原有贷款、其他拟建项目贷款和项目新增贷款），考虑企业的综合偿还能力。

8 财务评价参数

8.2 社会经济状况处于不断的发展变化中，不同时期的参数反映不同时期的社会经济状况，因此参数在使用过程中一定要注意其时效性。

8.3 财务评价参数的用途和分类：

财务分析中的计算参数主要用于计算项目的财务费用和效益。一般来说，财务计算参数具有鲜明的行业特点，并受具体建设项目影响。

财务评价中的判据参数主要用于判断项目财务效益的高低，包括比较和筛选项目，判断项目的财务可行性，具体包括财务基准收益率、利息备付率、偿债备付率和资产负债率等。有些财务判据参数表现为单一数值，有些表现为一段合理的区间，使用时应根据投资者的期望和项目特点灵活掌握。

8.4 财务评价计算参数用于项目费用和效益的计算，具体包括建设投资估算、流动资金估算、成本费用估算、营业收入估算等财务估算指标。

1. 建设投资估算按照国家及行业部门颁布的有关指标、费用定额、取费标准等执行。

2. 流动资金估算根据不同研究阶段可采用分项构成法或扩大指标法。水泥和玻璃两个主要子行业的流动资金估算指标详见附件。

3. 成本费用估算包括原燃材料与动力费、工资及福利费、折旧摊销费、修理费、其他制造费用、其他管理费用和其他营业费用等。水泥和平板玻璃两个主要子行业的成本费用估算指标详见附件。

4. 营业收入估算根据预测销售量和销售价格计算。

5. 水泥和平板玻璃两个主要子行业的计算期、生产负荷率、建设投资分年投入比例等可参照附件的推荐指标，利率、汇率等指标按国家公布执行。

8.5 项目盈利能力判据参数中，财务内部收益率是动态指标，给出的是基准值；而总投资收益率、项目资本金净利润率是静态指标、参考性指标。

项目偿债能力判据参数中，由于各类项目的具体情况不同，项目实施的法人情况不同，各金融机构对贷款人的要求不同，因此，对利息备付率、偿债备付率、资产负债率、流动比率、速动比率等指标的取值在一般情况下是有差异的，故为参考性指标。

8.7 财务基准收益率的主要测定方法：

1. 资本资产定价模型法：

权益资金财务基准收益率的测定借鉴了资本资产定价模型法的基本思路和计算方法。在水泥、平板玻璃两个主要行业抽取有代表性的企业样本，以若干年企业财务报表数据为基础数据，进行风险系数、权益资金成本的测算，得出用资本资产定价模型法测算的行业最低可用折现率（权益资金），作为确定权益资金行业财务基准收益率的下限，再综合考虑采用其他方法测算得出的财务基准收益率并进行协调后，确定权益资金行业财务基准收益率的取值。

采用资本资产定价模型法（CAPM）测算权益资金行业财务基准收益率，应按下式计算：

$$k = K_f + \beta \times (K_m - K_f) \tag{1}$$

式中　k——权益资金成本；

K_f——市场无风险收益率；

β——风险系数；

K_m——市场平均风险收益率。

风险系数又称为β系数，是反映行业特点与风险的重要数值，也是测算工作的重点和基础。

2．加权平均资金成本法：

加权平均资金成本法是测定全部投资财务基准收益率的方法。加权平均资本成本法中权益资金成本可以通过资本资产定价模型（CAPM）计算得出。通过测定行业加权平均资金成本，得出全部投资的行业最低可接受财务折现率，作为全部投资行业财务基准收益率的下限。再综合考虑其他方法得出的行业财务基准收益率并进行协调后，确定全部投资行业财务基准收益率的取值。

采用加权平均资金成本法（WACC）测算行业财务基准收益率（全部资本），应按下式计算：

$$WACC = K_e\left(\frac{E}{E + D}\right) + K_d\left(\frac{D}{E + D}\right) \tag{2}$$

式中　$WACC$——加权平均资金成本；

K_e——权益资金成本；

K_d——债务资金成本；

E——股东权益；

D——企业负债。

权益资金与负债的比例可采用行业统计平均值，或者由投资者进行合理设定。

债务资金成本为公司所得税后债务资金成本。

权益资金成本可根据公式（1）采用资本资产定价模型确定。其中，无风险投资收益率（K_f）一般可采用政府发行的相应期限的国债利率；市场平均风险投资收益率（K_m）可依据国家有关统计数据测定。

测算时选择相应行业中有代表性的一定数量的企业，对其一定时期内的投资筹资、成本费用、财务效益、资产状况等实际情况进行调查，经过统计、分析与测算，结合各种主要因素对测算结果进行必要的调整后确定。

3．典型项目模拟法：

在合理时间区段内，选取一定数量的具有行业代表性的已进入正常生产运营状态的典型项目，按照项目实施情况采集实际数据，统一评估的时间区段，调整价格水平和有关参数，计算项目的财务内部收益率，并对结果进行必要的分析，结合需考虑的主要因素确定取值。

4．德尔菲（Delphi）专家调查法：

采用德尔菲（Delphi）专家调查法测算行业财务基准收益率，应统一设计调查问卷，征求一定数量的熟悉本行业情况的专家，依据系统的程序，采用匿名发表意见的方式，通过多轮次调查专家对本行业建设项目财务基准收益率取值的意见，逐步形成专家的集中意见，并对调查结果进行必要的分析，结合需考虑的主要因素确定行业财务基准收益率的取值。

主要组织和编写人员名单

住房和城乡建设部标准定额研究所	胡传海　刘春林　史富文　刘　咏 朱　洪　林　艳　秦咸悦
中国建筑材料工业规划研究院	林少鸿　施敬林　王立群
天津水泥工业设计研究院有限公司	刘运水
蚌埠玻璃工业设计研究院	赵　飞
成都建筑材料工业设计研究院有限公司	宋　立
苏州铭星软件科技有限公司	陈溥才

于守法、吴佐民、左振军、熊建华、倪健、鲁旺生、李明哲、王彤等同志参加了审查工作。